DOUGLAS DE MATTEU, PH.D.

ACELERE
O SEU SUCESSO
PESSOAL E PROFISSIONAL

CONHEÇA TÉCNICAS PODEROSAS DE COACHING
PARA ACESSAR O MELHOR DE VOCÊ E GARANTIR QUE
REALIZE SEUS PROPÓSITOS DE VIDA

Copyright© 2016 by Literare Books International.
Todos os direitos desta edição são reservados à Literare Books International.

Presidente:
Mauricio Sita

Capa:
Estúdio Mulata

Diagramação:
David Guimarães

Revisão:
Samuri José Prezzi

Gerente de Projetos:
Gleide Santos

Diretora de Operações:
Alessandra Ksenhuck

Diretora Executiva:
Julyana Rosa

Relacionamento com o cliente:
Claudia Pires

Impressão:
Rotermund

```
Dados Internacionais de Catalogação na Publicação (CIP)
        (Câmara Brasileira do Livro, SP, Brasil)

   Matteu, Douglas De
      Acelere o seu sucesso pessoal e profissional :
   conheça técnicas poderosas de coaching para acessar
   o melhor de você e garantir que realize seus
   propósitos de vida / Douglas De Matteu. --
   São Paulo : Literare Books International, 2016.

      ISBN 978-85-9455-008-8

      1. Autoconhecimento 2. Carreira profissional -
   Administração 3. Coaching 4. Desenvolvimento
   pessoal 5. Qualidade de vida 6. Sucesso profissional
   I. Título.

16-05688                                  CDD-658.3124
```

Índices para catálogo sistemático:

1. Coaching : Administração de empresas   658.3124

Literare Books International
Rua Antônio Augusto Covello, 472 – Vila Mariana – São Paulo, SP
CEP 01550-060
Fone/fax: (0**11) 2659-0968
site: www.literarebooks.com.br
e-mail: contato@literarebooks.com.br

ÍNDICE

Agradecimentos	5
Dedicatória	7
Apresentação para Portugal	9
Prefácio	11
Depoimentos sobre o autor	15
Introdução	21
1 **Limites e oportunidades: ouvindo o chamado**	33
2 **O chamado: o coaching como instrumento de mudança**	51
3 **Objetivos e ação – um novo território**	73
4 **Crenças limitantes e potencializadoras**	97
5 **Identidade de sucesso**	113
6 **Coaching aplicado aos relacionamentos**	133
7 **E o que mais?**	153

AGRADECIMENTOS

Agradeço primeiramente a Deus.

À minha família: Laudomira, mãe incentivadora e dedicada; meus amados irmãos Rodolfo e Neto, e ao meu pai, Oswaldo.

À minha amada esposa e sempre amorosa e apoiadora, Ivelise Fonseca De Matteu.

Ao Profº. Dr. Anthony Portigliatti, Ph.D., orientador e mentor, pela sua dedicação, comprometimento, ensinamentos e paciência na produção de minha tese que foi base para este livro.

Aos professores, Dr. Benny Rodriguez, Dra. Josie Oliveira, Dr. Augusto Cury, Dr. Fernando Pianaro, pelos posicionamentos e direcionamentos durante a banca de qualificação e defesa, contribuindo de forma singular para a elaboração desta obra.

Ao amigo e sócio, Prof. Wilson Farias Nascimento, Ph.D., pelo incentivo; também à Marcia G. Marthas e a equipe colaboradora dedicada do Instituto de Alta Performance Humana - IAPerforma.

Agradecimento especial a *master coach* Raquel Fonseca, Ph.D.

Ao amigo português, João Alberto Catalão, que realizou abertura focada no contexto de Portugal; à amiga Adriana Mirage, Ph.D.;

enfim, a todos aqueles que de alguma forma contribuíram e colaboraram para a realização deste trabalho.

Aos amigos que contribuíram de forma singular com minha carreira; em especial ao Prof. Dr. Roberto Kanaane, Prof.ª Me. Lurdinha e todos os meus professores e treinadores, bem como clientes e alunos que vêm chancelando o meu nome na área de desenvolvimento humano.

DEDICATÓRIA

Dedico a todos que contribuíram direta ou indiretamente para concretização deste trabalho, em especial à minha família e à minha esposa Ivelise Fonseca De Matteu.

Dedico também a você que busca a Alta Performance e a realização dos seus objetivos.

APRESENTAÇÃO PARA PORTUGAL

"A Vida é FASCINANTE! O que é preciso é vê-la com os óculos certos".

No actual contexto de mercado, onde a imprevisibilidade é uma certeza e a velocidade é vertiginosa, todos precisamos e queremos criar novas possibilidades. Por isso, este livro é extremamente oportuno. O meu grande OBRIGADO ao Autor pela sua contribuição para o Desenvolvimento Humano.

Pertenço ao grande grupo que acredita que o Coaching é actualmente uma das mais poderosas ferramentas de desenvolvimento pessoal e profissional. Acredito, convictamente, que a excelência não acontece por acaso. Como Coach e Mentor de Executivos, tenho sido testemunha dos benefícios que o processo de Coaching provoca naqueles que nele participam, tendo o privilégio de se beneficiarem duma poderosa ferramenta promotora do atingimento de suas próprias metas.

Os actuais contextos, social e económico, potenciam, por um lado, a procura de novas soluções, estimula novos desafios, proporciona novas oportunidades, mas também causa incertezas, tensão e insegurança. O Coaching contém em si mesmo um processo de análise, reflexão, desafio e operacionalização.

Este livro, suportado por fundamentação séria, partilhada através de narrativas de linguagem acessível, constitui-se como um precioso conteúdo, destinado a todos aqueles que pretendam aprofundar conhecimentos sobre as mais poderosas técnicas de aceleramento do sucesso pessoal e profissional.

João Alberto Catalão
Coach & Mentor de Lideranças
Palestrante Internacional
Autor, Docente e Empresário
jcatalao@youup.pt
www.vitaminacatalao.com

PREFÁCIO

A *Florida Christian University* – FCU é uma universidade diferenciada e pioneira em desenvolver o Coaching de forma científica e com profundidade. É a primeira instituição a oferecer bacharel, mestrado, doutorado e pós-doutorado em Coaching no mundo. E vem aglutinando grandes profissionais que pesquisam e desenvolvem o Coaching com seriedade e profissionalismo. Pessoalmente acredito, frente ao bombardeio de treinamentos de Coaching, muitos de excelente qualidade e alguns superficiais com pouca carga horária, que no futuro somente permanecerão os que tiverem formação acadêmica e científica na área.

Um exemplo claro dessa nova geração de cientistas, acadêmicos e práticos é o Prof. Douglas De Matteu, Ph.D., inicialmente como aluno e agora também como docente da instituição, que é sem sombra de dúvida um profissional de destaque com reconhecimento global. Sua dedicação frente ao tema alinhado com seu olhar acadêmico permite encarar o Coaching como mais que um processo, como uma nova ciência que permite pessoas e organizações alcançarem Alta Performance, os seus sonhos e objetivos, tanto em nível pessoal como profissional.

O presente livro representa a síntese da tese de mestrado na "Art in Coaching", que o Prof. Dr. Douglas De Matteu defendeu na *Florida Christian University* - EUA. Recordo-me com clareza na defesa da qual fiz parte da banca e convidei o Dr. Augusto Cury para ser o presidente de honra, juntamente com Dr. Benny Rodriguez e Dr. Fernando Pianaro. Na ocasião, o mesmo deleitou e emocionou a plateia, defendendo a tese com profundidade e, ainda assim, conseguiu acoplar com emoção a sua história de vida sem perder o foco científico da sua apresentação.

Ser orientador do Prof. Douglas foi um desafio, porque sua dedicação o fez alcançar rapidamente o Alto Desempenho em nível acadêmico e profissional. E cada capítulo demonstrava um pouco da história do autor envolvida com os principais conceitos e técnicas do *Coaching* que podem ser aplicados na sua vida de forma simples, porém poderosa, que me instigava a pensar de maneira mais apurada. Dr. Douglas conseguiu traduzir, em uma linguagem clara e acessível, anos de intensa pesquisa científica em torno do tema. E as organizou de modo pragmático e envolvente.

O livro sinaliza como o leitor pode aplicar o *Coaching* em sua vida e demonstra a relevância da internacionalização da carreira. Mais que isso, promove um repensar sobre sua história de vida, ajuda a vencer os seus dilemas pessoais, oferece uma luz poderosa sobre as variáveis que governam o comportamento humano e mostra caminhos para alcançar a desejada Alta Performance.

Assim como *Coaching* é uma metodologia para levá-lo do estado atual em que se encontra e transportá-lo para o lugar desejado, o livro permite você pensar na situação atual da sua vida e o convidar a estabelecer um objetivo de modo estruturado. Muito além, conduz com maestria o leitor a um caminho de compreensão e realização em múltiplas dimensões. Tal abordagem é fruto da extensa e intensa pesquisa sobre o capital humano e como acessá-lo por meio do *Coaching*.

No livro você poderá ampliar a sua visão de mundo, resgatar seus sonhos e estruturá-los de maneira que poderá verdadeiramente conquistá-los.

Eu gosto de sempre contar a seguinte história: Havia um jovem e um velhinho pescando. O senhor pegou um peixe muito grande e logo o devolveu na água. Ele repetiu a ação algumas vezes. O jovem ficou intrigado, curioso. Mais uma vez o velho lança sua varinha e pega um imenso peixe e torna a devolver cuidadosamente ao rio. Em seguida, o velho pega um pequeno peixe e fica todo feliz. Guardou-o e já estava indo para a casa. Quando o jovem curioso foi questionar o porquê de tal comportamento.

O velho respondeu:

–Simples, é porque a minha frigideira é pequena.

Moral da história: Qual é o tamanho da sua frigideira?

Se vierem "peixes" grandes e se sua frigideira for pequena, você fatalmente terá que devolver. Óbvio que podemos cortar em postas para ajustá-lo. Mas, aqui, a ênfase é que o *Coaching* pode ampliar o tamanho da sua frigideira e reprogramar o seu "Eu" para que você evite a autossabotagem, ou seja, para que vença a vitimização. Para que você entenda que seus resultados dependem exclusivamente de você.

O Dr. Douglas ampliou e internacionalizou a sua frigideira, transformou potencial em potência, materializando sonhos e metas. Mas lhe dou uma boa notícia: chegou a sua vez, a sua oportunidade.

Boa Leitura!

Prof. Anthony Portigliatti, Ph.D.
Presidente e Chanceler da Florida Christian University
Orlando – EUA.

DEPOIMENTOS SOBRE O AUTOR

"Esta obra de autoria de Douglas De Matteu traz à tona mais uma das maravilhosas facetas de um profissional de talento e com uma missão clara: inspirar e gerar resultados. Com uma capacidade de tratar tópicos na área de *Coaching* pessoal e profissional, de maneira clara e prática, Douglas nos mostra, através de exemplos práticos e não somente por teoria, que as ferramentas de *Coaching*, quando associadas a um alvo claro e ao autoconhecimento, são catalisadoras de mudanças necessárias e de resultados inovadores. E muitas vezes têm o poder de nos levar a um nível de autoconhecimento nunca antes imaginado. Tive o prazer de trabalhar com o Dr. De Matteu, colaborando em diferentes projetos, conhecendo assim o autor, o professor, o profissional e, acima de tudo, o ser humano, que foi capaz de transformar ideias em mais de 20 livros, transformando, além de sua própria história, mas a do *Coaching* no Brasil. Seus resultados pessoais e profissionais falam por si só, inspiram e sinalizam caminhos e técnicas que podem ser adotadas por qualquer indivíduo em busca de crescimento pessoal e profissional. O trabalho de Douglas De Matteu merece ser lido, ouvido e disseminado globalmente por seu caráter genuíno e ao mesmo tempo profissional, com embasamento científico e aspecto acadêmico. Seu trabalho tem tocado corações, mentes atentas, profissionais do *Coaching* e de recursos humanos, levando cada um de nós a um nível mais profundo de autoanálise, comprometimento e objetividade. Recomendo mais esta leitura para você que procura o mapa e está disposto a fazer a caminhada rumo a novas conquistas". **(Prof.ª Adriana Mirage, Ph.D. - Escritora do Best-Seller pela Amazon, "Wake Up! The World is Calling" (Embarque já! O Mundo te espera).**

"Ao longo da minha vida acadêmica, tive oportunidade de participar de dezenas de bancas de defesas de trabalhos em todos os níveis de graduação. E tenho a grata satisfação de expressar a minha mais profunda admiração pelo que foi desenvolvido pelo Prof. Dr. Douglas De Matteu para a FCU – Florida Christian University. Tema expressivo, bem fundamentado e de aplicação obrigatória para toda a comunidade". **(Prof. Fernando Leocadio Pianaro, Post Doctor, Escritor, Coach e Professor Universitário da FESP).**

"As pessoas, de forma geral, buscam evoluir tecnicamente em suas áreas, fazendo pós-graduação, MBA e cursos de especialização, etc. Porém, poucas buscam estudar o ser humano. A tecnicidade é fundamental, mas acredito que a estrutura emocional é o grande gatilho do sucesso. O Douglas, através desta ciência, traz este desenvolvimento de uma maneira séria e embasada, nos fazendo descobrir que o grande segredo para o sucesso está em nós mesmos". **(Lysia Henriques – Gerente Comercial – TV Diário, Afiliada da Rede Globo).**

"O *Coaching* pode ser considerado como preparo consistente, o cuidado especial para se atingir determinado objetivo profissional e/ou pessoal. Sua relevância está na ação criativa de versatilidades que devem incorporar um estudo de estratégia e planejamento. Contudo, a lógica de avançar deve ser vista/lida a partir da qualidade oferecida ao mercado. Essas ideias são abordadas por Douglas De Matteu em seu novo livro". **(Prof. Dr. Wilton Garcia).**

"Bem, sinto-me à vontade para falar do Douglas De Matteu, ou melhor, do prof. Douglas. Conheci-o em outubro de 2008 e desde então ele sempre me surpreendeu, seja pelo seu dinamismo, pelo seu comprometimento ou por sua constante busca por conhecimento. Sua velocidade profissional é fantástica, a cada ano uma nova conquista. Sempre determinado, vai até o fim e novamente recomeça, nunca para. Seu livro solo trata de limites e oportunidades, de desenvolvimento humano, de autoconhecimento, do *Coaching* como um todo. Sem dúvida, pela sua experiência de vida, o Douglas é um modelo de aplicação do *Coaching*, um *case* de sucesso". **(Prof. Dr.ª Mariana Fraga Soares Muçouçah – Coordenadora de projetos, Centro Paula Souza).**

"Dr. Douglas De Matteu é um profissional comprometido em contribuir com a transformação de vidas e, como prova disso, temos visto o seu empenho em trabalhos voluntários, como *coach*, empreendedor, professor e escritor. Em tudo que ele se propõe a realizar, observamos a sua dedicação em cumprir sua missão nesse mundo. Nesta obra, uma de suas mais recentes atribuições, o leitor irá se deliciar com a leitura deste livro e, ao mesmo tempo, aprender o *Coaching* com poderosas técnicas, em uma linguagem simples e dinâmica, para acelerar o sucesso pessoal e profissional. Neste livro, o autor levará o leitor a uma viagem com relevância da articulação entre *Coaching*, programação neurolinguística, administração, educação, teoria da complexidade, interdisciplinaridade, inteligência emocional, inteligência espiritual, entre outras ciências. Este livro será de grande importância para todas as pessoas que desejam aprender mais sobre o desenvolvimento humano na linguagem e metodologia do *Coaching*". **(Prof.ª Dra. Josie Oliveira, Coordenadora Acadêmica da Florida Christian University – EUA).**

"Há anos tenho defendido a ideia que o *Coaching* precisa avançar no campo acadêmico, num campo mais profundo em termos educacionais. Os cursos de *Coaching* relâmpagos têm suas limitações. Saber que Douglas defendeu tese na área de *Coaching* em uma universidade americana me traz esperanças de novos estudos aprofundados nesta área fascinante do *Coaching*. A Florida Christian

University é pioneira em perceber o futuro no presente e Douglas sabe disso como ninguém". **(Claudemir Oliveira, Ph.D., presidente fundador do Seeds of Dreams Institute, nos EUA).**

"O segredo do sucesso está em identificar o seu talento, aquilo que você gosta e sabe fazer bem. Isso se evidencia nesta obra. O Prof. Dr. Douglas De Matteu expõe, de maneira brilhante, seu profundo conhecimento em *Coaching* e nos brinda com sua história, mostrando, segundo as suas palavras, como 'o fascinante mundo do *Coaching*' mudou sua vida". **(Prof.ª Mestra Cristiane Fontana – Coordenadora da UNIESP).**

"O Dr. Douglas De Matteu é um dos profissionais mais fantásticos que conheço e, apesar de muito jovem, possui maturidade, energia e competência que impressionam logo ao primeiro contato. Tem auxiliado tanto jovens como executivos, participantes de seus cursos e palestras, a assumirem "de fato" as rédeas de suas vidas. Você quer saber se pode melhorar pessoal e profissionalmente? O Dr. De Matteu responde para você nesta super, ultra, mega, *blaster* obra". **(Prof. Dr. Gilberto J. Cunha – Fatec Sebrae e Fatec-MC, Gestor Divisão de Prospecção Tecnológica da Agência de Inovação INOVA Paula Souza).**

"O livro do Dr. Douglas De Matteu permite o leitor desenvolver uma cosmovisão frente ao *Coaching* e sua aplicação em diversas dimensões da vida, oferecendo um olhar acadêmico e pragmático. Recomendo a leitura desta obra que pode certamente contribuir com seu sucesso pessoal e profissional". **(Marcos Wunderlich – Diretor do Instituto HOLOS. Trainer em Coaching e Mentoring pelo sistema ISOR).**

"Tive a oportunidade de acompanhar a carreira promissora do Prof. Dr. Douglas De Matteu desde o seu ingresso como docente da Fatec Mogi das Cruzes e sua sólida formação acadêmica ao longo do mestrado e Doutorado pela FCU - Florida Christian University, motivo pelo qual que muito nos orgulha de compartilhar de seu crescimento profissional nessa área extremamente demandada pelas empresas e demais instituições que trata da área de *Coaching* e suas aplicações". **(Prof. Dr. Fernando Juabre Muçouçah – Diretor Faculdade de Tecnologia M. Cruzes).**

"Para mim, é um privilégio poder desfrutar da amizade com o Dr. Douglas De Matteu, um profissional na área de *Coaching*, mas um grande ser humano. Sempre pronto para te dar um bom conselho e animar-te. A partir do meu primeiro contato com ele, deu para perceber a paixão, foco e inspiração que tem por aquilo que ele faz: a transformação das pessoas. Além de possuir formação e diversas certificações na área de *Coaching* e liderança, o professor Douglas consegue validar seu conhecimento dentro do contexto acadêmico a nível doutoral como excelência e admiração. Em suas palestras e seminários, o Dr. Douglas sempre consegue superar suas expectativas e, com certeza, este livro não vai ser uma exceção. Desfrute da leitura! O primeiro passo da sua transformação já aconteceu". **(Dr. Benny Rodríguez – Escritor, Coach, Palestrante, Psicólogo Clínico. CEO UPEAK International – Orlando, FL – USA).**

"Competência, profissionalismo e comprometimento: três palavras que definem o perfil profissional do Prof. Dr. Douglas De Matteu. Como amigo: a bondade, a ética e o respeito ao ser humano sintetizam sua personalidade. A dedicação ao estudo das técnicas de *Coaching* tem conduzido o conhecimento do Prof. Douglas a várias partes do mundo, oferecendo a oportunidade de mudanças àqueles que buscam novos horizontes. A abordagem do livro, fruto de seu mestrado, proporcionará aos leitores uma reflexão sobre mudanças e transformações em suas vidas. É uma mensagem de conhecimento científico, técnicas e crenças. Trata-se de leitura obrigatória a todos que buscam sucesso em suas vidas".
(Profa. Dra. Teresinha Covas Lisboa, Docente da UNIP, Diretora da TCL Consultoria e Assessoria S/C Ltda.).

"Quando penso em Douglas De Matteu, a primeira palavra que vem a minha mente é gratidão. Com ele, aprendi esse misto de arte e ciência chamado *Coaching*. Após ter passado por uma formação em *Coaching*, minha vida mudou completamente. Aprendi de forma clara e simples a estabelecer meu estado atual em pilares importantes como saúde, profissão, família, entre outros, ou seja, ter um ponto de partida. Passei a especificar minhas metas, que até então eram sonhos impossíveis de se conquistar e, em menos de seis meses, já os realizei. Situações positivas que nem esperava vivenciar um dia vêm acontecendo com mais frequência. Hoje tenho objetivos muito maiores que se aproximam de seus acontecimentos, pois sei que quando se possui metas detalhadas e a vontade de fazê-las acontecer, não existem barreiras e impedimentos. Algumas pessoas me perguntam se uma formação de *Coaching* é cara. Eu digo que caro é não realizar seus sonhos, não atingir seus resultados, é olhar para sua vida depois de um ano inteiro e constatar que não se realizou nada de extraordinário. Ver sua vida despedaçando diante de você e não ter ferramentas para sair dessa situação. O *Coaching* é uma ferramenta moderna de alta performance e alto rendimento que pode transformar a existência de uma pessoa. Minha mais forte indicação para quem ainda não conhece esse processo e o trabalho desse profissional com sua maneira fantástica de abordar o tema".

(Santiago Silva, Gerente e Coach Comercial)

INTRODUÇÃO

Este livro permite mais do que uma viagem dentro da minha história no *Coaching*, permite que você participe da narrativa e faça alguns exercícios e reflexões que transformaram a minha jornada e que podem contribuir com a aceleração dos seus resultados.

É importante destacar que para a concepção deste livro/história foi considerada uma sólida bagagem científica, devidamente citada no final desta obra, que foi tratada, filtrada e embrulhada cuidadosamente para você. É fruto da minha tese de Mestrado – "Arte do Coaching" – pela *Florida Christian University*, nos EUA, sob a orientação do Prof. Dr. Anthony Portigliatti, a quem agradeço imensamente pelas sábias orientações.

O objetivo principal aqui é sintetizar parte dos conhecimentos poderosos, angariados durante toda a minha jornada no *Coaching*, até ao momento da publicação desta obra, para compartilhar e disseminar essa sabedoria para contribuir com mundo melhor e apoiar as pessoas para torná-las mais produtivas e felizes.

Atualmente, por conta da minha extensa e intensa dedicação acadêmica, me tornei um dos expoentes do *Coaching* no Brasil que trata o tema sob um prisma científico e pragmático, ou seja, balizado em referências técnicas e acadêmicas e na prática como professor de *coaches*, isto é, um treinador de *coaches*, o que me diferencia da grande maioria dos *coaches* no Brasil.

Minha formação abrange o Curso Superior em Marketing e Promoção de Vendas, o Bacharel em Administração e três pós-graduações lato sensu, sendo em Marketing, Educação a Distância e gestão de pessoas em *Coaching*. Fiz também o mestrado em Semiótica, Tecnologia da Informação e Educação, alinhada a uma atuação acadêmica de mais dez anos no ensino superior em cursos de graduação e pós-graduação, em instituições públicas e privadas.

Diante dessa experiência como docente e pesquisador, desenvolvi um olhar técnico-científico que, somado à forte atuação acadêmica, propiciou-me um posicionamento singular no que tange ao processo de *Coaching*. E mesmo diante dessa experiência e acostumado com a linguagem científica, busquei conceber um livro de leitura simples e acessível, porém sem abrir mão do rigor científico do discurso.

Na *Florida Christian University*, onde concluí o mestrado na Arte do Coaching e o doutorado (Ph.D.), *Doctor of Philosophy in Business Administration*, atualmente leciono na cadeira *Coaching* e Marketing, no Brasil, EUA e no Japão, pude inferir que o futuro do *Coaching* está alicerçado no embasamento acadêmico e científico. O que sinaliza a relevância de cursos universitários abordarem o tema, apontando para os profissionais que irão se destacar no mercado, é o fato de possuírem diploma de nível superior.

Diante do desafio da pesquisa foram consultadas diversas referências bibliográficas, tais como: ADLER (2010), BANDLER, GRINDER (2011), CATALÃO; PENIN (2010; 2012) CLUTTERBUCK (2008), CURY (2007; 2010), DILTS (1993; 1999), DI STÉFANO (2011), DINSMORE, SOARES (2011), DOWNEY (2010), GALLWEY (1996), GOLDSMITH, LYONS, FREAS (2003), GOLEMAN, (1995; 2001; 2012), KRAUSZ (2007), MATTEU (2011; 2012; 2013), O'CONNOR, LAGES (2008; 2010), PAIVA; MACILHA; RICHARDS (2011), ROBBINS (2012) SELIGMAN (2004), TRACY (2009; 2012), WHITMORE (2010), WOLK (2008), entre outros que permitem um olhar investigativo, crítico e reflexivo.

Somam-se também as inúmeras formações em Coaching e em áreas correlatas como: ISERT, KLENKE (2013), MARQUES (2011), MANCILHA

(2013), OGATA (2012), LARA (2012), WUNDERLICH (2012) e ZEIG (2012), além da minha experiência como cientista da educação, treinador em formações de *coaches* credenciado pelo *World Coaching Council*.

O livro descreve como vencer grandes dilemas da vida e como o *Coaching* integra muitas ciências e tecnologias para contribuir no processo de mudança de carreiras, internacionalização profissional, entre muitos outros objetivos. Esta obra evidencia também os principais aprendizados que potencializaram os meus resultados, na leitura você também pode se beneficiar desse poderoso e fantástico processo que transforma pessoas e organizações.

Este livro permite um repensar da sua própria história de vida, como eu vivenciei a minha. Foram selecionados cuidadosamente alguns depoimentos e casos reais de pessoas ou de amigos que vivenciaram grandes transformações por meio do *Coaching*. Esta obra condensa também algumas poderosas ferramentas do *Coaching* e perguntas especiais que, quando respondidas verdadeiramente, podem transformar vidas.

Toda a transformação que acontece no processo de *Coaching* é de dentro para fora, ou seja, você descobre o caminho e obtém *insights* poderosos. Permita-se ler e realmente mergulhar nas histórias e exemplos aqui contidos, sobretudo realizando os exercícios propostos.

Na leitura você descobrirá:
- O que é *Coaching*;
- Como reposicionar sua carreira profissional;
- Como melhorar a qualidade de vida;
- Como ampliar a sua renda e sua felicidade;
- Como participei de mais de 20 livros em quatro anos;
- Como descobrir seus traços comportamentais;
- Como internacionalizei minha carreira. Como fazer o mesmo com a sua;
- Como conheci os EUA e a Disney sem gastar quase nenhum dinheiro;

- Como acessar o melhor de você;
- Quais são os seus propósitos de vida;
- Qual sua missão;
- Qual a relação do *Coaching* com a construção do seu sucesso pessoal e profissional;
- Como o *Coaching* pode transformar a sua vida e acelerar os seus resultados;
- Porque o *Coaching* transforma a vida das pessoas e das organizações;
- Como descobri a relevância da espiritualidade;
- Como compreender os aspectos fundamentais dos relacionamentos afetivos;
- Como vencer crenças limitantes;
- Como descobri conceitos poderosos que mudaram minha percepção de mundo e moldaram meus resultados atuais;
- Como ampliar sua capacidade de se relacionar;
- E muito, muito mais.

É a minha história no *Coaching*, baseada em conhecimentos científicos e experiências pessoais e/ou de terceiros que acessaram o conhecimento real, verdadeiro e transformador. Esses conhecimentos são tão poderosos que foram envolvidos, embrulhados como um presente apresentado em pequenas histórias e exercícios práticos.

Nesta obra, você vai acompanhar minha trajetória de vida e como eu conheci o *Coaching*, como vencer diversas adversidades, questionamentos, dilemas e situações desafiadoras nessa jornada de desenvolvimento.

Este material foi também recheado com perguntas que podem apoiar/contribuir sobremaneira em sua jornada e, consequentemente, propiciar-lhe momentos memoráveis. Certamente você poderá também correlacionar as histórias deste livro com o seu passado, presente ou até com o seu futuro. Aqui, você conhecerá como enfrentei o desafiante dilema de permanecer em minha carreira como professor universitário em instituições públicas e privadas ou apenas me dedicar ao fascinante mundo do *Coaching*.

Eu passei de uma vida sem sentido para uma vida alicerçada em valores e com propósitos bem delineados. De um jovem perdido na multidão para uma pessoa que faz a diferença para milhares de pessoas e como esse mesmo jovem saiu de uma situação desconfortável, de infelicidade, incapacidade e mediocridade para alcançar elevados resultados. Em cada passo, um novo conhecimento, um novo artefato que possibilitou alcançar resultados que nem eu mesmo havia imaginado.

Nessa narrativa, você será convidado a acessar sua mente e o seu coração, uma história que nos leva ao repensar de nossa própria vida.

O primeiro capítulo do livro se centraliza no contexto do personagem principal, o próprio escritor a mesclar vida pessoal, referências, conceitos e técnicas do *Coaching* para elevação dos resultados do leitor. Nesse sentido, são descritos o cenário e o contexto onde são narrados dilemas que irão motivar o leitor durante toda a jornada pelo livro.

Em seguida, no capítulo II, se apresenta de fato o que é o *Coaching*, como o protagonista teve acesso ao processo de *Coaching* e como o leitor poderá adentrar a esse fascinante universo e seus conceitos básicos que fundamentam todo o processo. O leitor é convidado a repensar sua vida pela ótica do autor e, depois, estimulado a realizar com sua própria vida ao utilizar a roda da vida como instrumento para tanto.

O capítulo III demonstra como determinar objetivos e ações, focaliza como desenhar o objetivo e colocá-lo em prática. Proporcionam-se ferramentas e exemplos para acelerar os resultados em nível pessoal e profissional.

Uma vez repensada as metas de vida, o capítulo IV investiga as crenças que podem limitar as realizações e também mostra como construir crenças potencializadoras.

O capítulo V, por sua vez, aprofunda o processo de *Coaching* e permite ao leitor descobrir as regras internas que norteiam seu comportamento, bem como o propósito de vida. O tema central: a missão, visão e valores do indivíduo. Nesse momento, o leitor é convidado a mergulhar do seu "Eu"/"Self" e definir sua identidade e os princípios que norteiam sua vida.

No capítulo VI, é focalizada a excelência nas relações humanas, o gerenciamento das emoções tendo como meta oferecer técnicas de *Coaching* e Programação Neurolinguística para a potencialização dos resultados em nível de relacionamento.

Para finalizar, o capítulo VII – "E o que Mais?" – Sugere uma reflexão que transcende o "eu" para o "nós", do físico para o espiritual, do objetivo para o legado.

É relevante destacar que durante toda a escrita utilizei a palavra *Coaching* com "C" maiúsculo, tendo como pressuposto a lição de DILTS:

> O primeiro modo é o Coaching comportamental para ajudar alguém a conseguir uma meta, objetivo ou ter um desempenho particular; e sua origem vem do treinamento esportivo. Já Coaching com "C" maiúsculo tem a ver com "atingir propósitos num nível bem abrangente, com mudanças gerativas, desenvolvimento e reforço da identidade e de valores, trazendo sonhos e metas para a realidade". Isso envolve habilidades de Coaching com "c", mas também inclui muito mais (DILTS apud PERCIA, 2012, p.21)

Conforme o autor, o *Coaching* com "C" em maiúsculo tem uma profundidade e abrangência muito maior se comparado ao *Coaching* com "c" minúsculo, este focado na questão comportamental restrita ao alcance de uma meta. Neste livro, considera-se o *Coaching* em uma dimensão de desenvolvimento humano, sistêmico, alinhando diversas competências e considerando uma integração de várias ciências rumo a mudanças mais profundas em nível de crenças, identidade, propósito e valores.

Nessa leitura, você será estimulado a ver, ouvir e sentir o que eu vivenciei. Entretanto, não como mero expectador da vida alheia, mas como sujeito ativo que lê, pensa e age. Existem mais de **500 perguntas de Coaching** neste livro e se você verdadeiramente respondê-las poderá ser beneficiado poderosamente por esta obra. Eu tive a oportunidade de escrever um novo ciclo em minha vida e você tem a permissão e o poder de fazer o mesmo durante a leitura deste livro. Leia com atenção e faça pausas reflexivas, relacionando-as com a sua vida. Mais que isso, utilize os conhecimentos e a inspiração de minha vida para a sua própria.

Acredite verdadeiramente que a vida é repleta de escolhas e possibilidades, cada decisão é uma porta que se abre. E ao adentrar por essa porta um novo caminho se inicia. Você já tomou uma grande decisão ao abrir e começar a ler este livro. E tomará a decisão de continuar a ler até o fim ou largará em algum momento. Talvez pareça apenas uma decisão simples, mas você conhece alguém que começa as coisas e as deixa inacabadas? Que tipo de pessoa você é?

Inclusive um dos ensinamentos poderosos que aprendi no *Coaching* é terminar o que está inacabado. Pare e pense: você deixou coisas inacabadas na sua história de vida? Quais pendências pode finalizar hoje para que sua vida se desenvolva mais rápido?

Lembre-se: você decide o que lê, vê, ouve, sente e faz. E neste livro você terá a fantástica possibilidade de ampliar essas percepções de mundo e da realidade e, muito, muito mais.

Talvez não seja por acaso que você comprou, ganhou ou simplesmente pegou este livro para ler ou folhear. Talvez seja uma grande possibilidade de repensar vários momentos da sua vida e tomar novas decisões, cruzar novas portas, desbravar novos caminhos e alcançar maiores e melhores resultados.

O livro é um mergulho para seu desenvolvimento. Nesse diapasão, afirma Deepak Chopra:

> Tudo na natureza está evoluindo para um nível de existência mais elevado. Mesmo sem tentar ou pensar, apenas por virtude de nossa simples existência, estamos evoluindo para um nível de percepção mais elevado. Quando nos tornamos conscientes desse fato, evoluímos ainda mais rapidamente (CHOPRA, 2011b, p.91).

Conforme o autor, estamos em evolução, ou seja, crescendo, melhorando e a leitura desta obra vai ampliar sua consciência para essa evolução e contribuir para que alcance a alta performance em diversas dimensões da sua vida.

Convido agora você a mergulhar, ver, ouvir, sentir e participar desta história fantástica em que o *Coaching* entrou em minha vida e como enfrentei diversos dilemas pessoais e profissionais para alcançar resultados cada vez mais extraordinários.

Lembre-se da passagem bíblica: "Melhor seria que você fosse frio ou quente. Assim, porque você é morno, estou a ponto de vomitá-lo de minha boca". Como está a sua vida? Como você a classificaria? "Morna, fria ou quente?" – Como seria descobrir um caminho seguro e encorajador para enfrentar as adversidades da vida, superar os desafios e cruzar a linha que divide as pessoas com grandes resultados das pessoas com grandes desculpas e, principalmente, seguir de uma vida "morna" para uma vida muito quente.

Este livro permite você ter acesso a fantásticos casos de sucesso. Você está pronto para transformar a sua vida? Aperte o cinto! A partir daqui vamos acelerar seus resultados. Talvez nesse momento você já esteja sedento por aprender algo novo e que possa te ajudar de fato. Então, permita-se antes tomar um copo de água com o mestre WIN.

O primeiro passo: Saboreei os ensinamentos do Mestre Win

No mundo existem vários sábios, pessoas especiais com um grande saber sobre a vida, as pessoas, o mundo e o universo. Esses sábios muitas vezes ficam em lugares distantes e para acessá-los é necessária uma longa jornada para poder desfrutar de suas palavras de sabedoria, desses seres de luz que emanam sabedoria celestial.

Durante minha jornada, busquei esses grandes mestres na área do Coaching e áreas correlatas. Um deles me contou a história de um grande herói que saiu viajando pelo mundo em busca do mestre dos mestres, o sábio dos sábios. Em sua busca conheceu povos, culturas, cruzou várias florestas e rios, subiu montanhas, enfrentou as tempestades e o deserto, vento, neve e outras intempéries até que finalmente encontrou o Mestre Win.

Logo ao encontrá-lo, o herói chega suado, ofegante e questionando o mestre sobre qual seriam os maiores e mais poderosos segredos da humanidade. Sabiamente, o mestre Win convida o empolgado herói para tomar um pouco de água em sua humilde casa.

Ao servir a água com uma moringa de barro, o mestre foi despejando cuidadosamente uma refrescante, pura e cristalina água na xícara do herói. E continuou... continuou... até transbordá-la, Euforicamente nosso herói disse: Chega, Mestre Win! Já está cheia! Já está cheia! – Disse o nosso herói.

O mestre com toda serenidade e confiança, disse: "Você está como esta xícara, cheio de conceitos, verdades e crenças". E o mestre continuou dizendo:

– "Para acessar os poderosos conhecimentos você precisa esvaziar a xícara, ou seja, abrir a mente e o coração, colocar de lado as suas verdades e saberes e se abrir, permitindo-se receber um novo e refinado conhecimento que poderá ampliar sua percepção do mundo e sobre você mesmo. Faz sentido?". Nosso herói abaixou a guarda, olhou para baixo e refletiu consigo mesmo e disse: "Faz todo sentido, mestre!".

O mestre Win lhe disse: "Muitos conhecimentos poderosos estão cada vez mais acessíveis, disponíveis em nosso cotidiano, porém boa parte da sociedade está cega ou com a visão turva, o que impede que percebam os diamantes que nos cercam todos os dias e, mais que isso, acabam não dando valor para pessoas, para os momentos e simplicidades dos conceitos poderosos, ficam agarrados às suas crenças limitantes e às suas próprias verdades, impedindo que encontrem a felicidade e a plenitude de vida".

Mestre Win acrescentou: **O Verdadeiro conhecimento e o poder maior foi escondido por Deus dentro você e o Coaching tem a chave para acessá-lo. Basta esvaziar sua xícara e permitir-se.**

Como seria se você esvaziasse sua xícara, sua mente, suas crenças e seu coração nessa jornada? O que podemos aprender com essa história?

Escreva aqui as suas impressões:

_____
_____
_____
_____
_____

O necessário para aprender é uma mente humilde.
(CONFÚCIO)

Quando você permitir mudar a sua percepção, você mudará os seus pensamentos. Consequentemente, você começa a mudar os seus comportamentos e resultados.

LIMITES E OPORTUNIDADES: OUVINDO O CHAMADO

> A verdadeira viagem de descoberta consiste
> não em procurar novas paisagens,
> mas em ter novos olhos. (Marcel Proust)

Objetivo:

- Contextualização do tema;
- Ampliação da percepção;
- Apresentar a técnica *reframe*;
- Reconhecer limites e oportunidades;

Nossa história começa em uma cidade próxima à grande metrópole de São Paulo, no Brasil, com aproximadamente 260 mil habitantes. Lugar onde eu nasci, cresci e vivi como milhares de outras pessoas. Com as tradicionais rotinas de trabalho, fadado a ser mais um na multidão, dos 41 milhões do Estado de São Paulo ou dos mais de 200 milhões de brasileiros.

Eu, um jovem de 29 anos, com estrutura familiar de pai, mãe e irmãos. Meus pais haviam se separado enquanto eu ainda era uma criança e desde então vivia com a minha mãe, Laudomira, e meus dois irmãos, Rodolfo e Neto. Estudante e trabalhador, porém uma indagação me tirava o sono: por que algumas pessoas conseguem ter resultados extraordinários e a grande maioria não?

Sentia-me vítima de um sistema injusto e, desculpe-me pela expressão, eu me sentia como um rato em uma gaiola.

Eu visualizava, ouvia e sentia que a vida para algumas pessoas era fácil, com glória, sucesso, riqueza, reconhecimento, felicidade, entre outros. Antagonicamente, na outra extremidade, pessoas como eu lutavam contra o sistema, trabalhavam e estudavam, buscando respostas às perguntas básicas: por que algumas pessoas conquistam o sucesso, realizam os seus sonhos e outras não? Por que algumas pessoas conseguem ter resultados extraordinários e a grande maioria não? O que eles sabem que eu e você ainda não sabemos?

Surgiram então reflexões do tipo: como transformar sonhos em sementes fortes, onde e como plantá-las para que possam germinar, crescer, florescer e oferecer os frutos da vitória.

Essas perguntas constantemente vinham à minha mente e me moveram rumo à jornada em busca desse conhecimento e da descoberta ou redescoberta do meu "eu interior".

Sempre tive muitos sonhos e desejos. Uma bela casa, um carro possante, viagens, um grande amor, um trabalho que amasse realizar, reconhecimento, glória, o desejo de ser feliz... Sonhos como os que você talvez tenha! Afinal, uma das características singulares do ser humano é imaginar e sonhar, pois somos teoricamente todos iguais, fisicamente temos dois braços, duas pernas, um par de olhos, contudo provavelmente as diferenças estejam calcadas em pensamentos e comportamentos.

Talvez o que gere os resultados extraordinários para algumas pessoas esteja relacionado a alguns comportamentos diferentes que traduzem tipos de conhecimento ou experiências que ainda não são tão acessíveis para a maior parte da sociedade.

Sentia-me vítima de um sistema cruel, que segrega a sociedade, injusto. Sentia-me como um escravo dos tempos modernos, seguindo regras informais que conduzem exatamente ao lugar em que está a massa da população, pouco pensante, limitada. Eu simplesmente vivia e, de certa maneira, replicava diversos comportamentos inconscientes e tinha como resultado o "sobreviver", correndo para o trabalho, no esforço para pagar as contas e trabalhando muito. O sentimento era de um atleta que estava em uma corrida sem linha de chegada rumo à felicidade. Já se sentiu assim?

O caminho tradicional foi a minha escolha, que é o pregado como trajetória para o sucesso: trabalhar e estudar. Adoro ler e escolhi que a melhor estratégia seria estudar. Logo, estudei muito, fiz um curso superior de Marketing e Promoção de Vendas, providenciei minha matrícula na pós-graduação em Marketing por dedicação e com a ajuda da minha grande amiga Prof.ª Lurdinha. Então fui convidado para lecionar na Universidade de Mogi das Cruzes, paralelamente atuava com vendas no setor ótico, visitando óticas em São Paulo.

Recordo-me com clareza desse período, onde peguei muita chuva no meu trabalho que era basicamente de um vendedor de porta em porta, ou seja, visitava as óticas em São Paulo, ofertando lentes e serviços relacionados. Sem carro, era muita caminhada e condução, ônibus, trem apertado, todos os dias, entre outros desafios. Quando comecei a dar aula, via muitos dos meus alunos voltando para casa de carro e eu teria que pegar um trem e um ônibus para chegar em casa, enfrentando os desafios de quem utiliza esses serviços, como greve, entre outros.

Seguindo minha estratégia, continuei estudando. Fiz o Bacharel em Administração de Empresas, em seguida uma segunda pós-graduação em Educação a Distância e fui trabalhar com marketing na área de treinamentos em uma Consultoria da área de Recursos Humanos. Nessa época se iniciou o meu interesse pelo desenvolvimento humano. E tive um grande aprendizado na Consultoria no que tange ao desenvolvimento de treinamentos, estratégias e metodologias, resultando numa fase de grande aprendizado.

Ainda naquele tempo, graças à valiosa contribuição da minha amiga Prof.ª Lurdinha e o apoio do coordenador do curso, tive a oportunidade de ampliar as aulas quantitativa e qualitativamente, além de trabalhar na área comercial e de marketing em uma Consultoria.

Sempre buscava estudar e aprender cada vez mais. Fiz mestrado em Semiótica, Tecnologia da Informação e Educação, momento desafiador da minha vida, de muita cobrança, o que aprofundou meus conhecimentos sobre a sociedade, a tecnologia, entre outros.

O sentimento era de um profundo refinamento da minha forma de pensar. No entanto, mesmo assim permanecia a busca dos segredos para desvendar o caminho rumo aos meus tão sonhados resultados.

O tempo passava e o sentimento em relação à minha própria vida era "mais ou menos". Será que eu tinha que viver assim? Por um lado, analisava: Eu tenho família, emprego, namorada e podia ter algumas horas de lazer em passeios, logo podia pensar: eu sou feliz. Por outro lado, refletia: "ser feliz, comparado a quem?" O que é ser verdadeiramente feliz?

1.1 Ampliando a Percepção

Tornou-se comum eu me pegar em momentos de reflexão, momento em que conversava com o meu próprio "eu". Sentia o anseio por mais, que poderia ser diferente, poderia ser algo mais desafiador, estimulante e glorioso e percebia uma farpa em minha mente. Algo incomodava a minha existência. Comparava minha vida com os menos afortunados e agradecia. Todavia, olhava para o horizonte e queria mais. Fazer mais, ousar mais, ter novas experiências e vivências.

> **Para refletir**
> - Como você encara a sua vida?
> - Você pode voar mais alto?
> - Qual o seu maior sonho?
> - O que te impede de realizar os seus sonhos?

Reconheço que, na minha busca pelo sucesso, eu me debruçava em livros pela busca de respostas e também fugia da realidade em alguns momentos, sendo consumido por jogos virtuais que me permitiam acessar um território diferente, talvez até mágico em que podemos assumir outras identidades. A identidade de guerreiro estelar, de mago ou herói épico. Afinal, os heróis existem somente na ficção ou será que temos heróis na vida real?

Talvez seja herói o policial que enfrenta quase todos os dias a criminalidade com recursos escassos. Ou o professor com falta de reconhecimento e salários baixos. E talvez até mesmo todos os trabalhadores e dona de casas que enfrentam e matam um leão por dia.

Então pensei: a vida é matar um ou dois leões por dia ou até vários.

Diante desse pensamento, lembrei-me da época em que trabalhava em uma corretora de seguros, onde eu era o funcionário "faz tudo" e certamente matava diversos leões por dia. Contudo, em minhas pesquisas, me deparei com um texto interessante sobre como transformar leões em professores:

TRANSFORMANDO OS LEÕES EM PROFESSORES

Um grande gestor de empresas, certa vez, encontrou um dos seus dedicados funcionários reclamando do trabalho e dos problemas que tinha que enfrentar com tantas demandas e ainda tinha que zelar pela família. Estressado, sinalizou ao Dr. Rodolfo, gestor da organização, clamando por alguma dica ou ajuda: "estou cansado de enfrentar tantos leões. Tenho de resolver questões empresariais, questões com os meus filhos e esposa, preciso protegê-los do mundo cruel que vivemos", destacou o funcionário. O empresário então deu uma valiosa dica: "ame os seus leões!". O empregado acreditou que o Dr. Rodolfo estava gozando da cara dele e saiu furioso da conversa.

Em um novo momento, o gestor perguntou: "Como anda a vida? Aprendeu amar os seus leões?". Enfaticamente o empregado respondeu – "como posso amar problemas e situações ruins?".

Dr. Rodolfo então lhe disse: "Eu amo os meus leões, os meus desafios, percebo cada um deles como oportunidades de aprendizado de crescimento e evolução. Amo cada situação desafiadora que me aparece".

— "Mesmo se for ruim?", questionou o empregado, "tal como ser demitido, perder dinheiro ou ainda ter que aturar um cliente irritado?".

Sabiamente Dr. Rodolfo perguntou: "Quais são os sentimentos que você deposita na situação que você se depara com leão?".

—"Ruins", respondeu o empregado.

Dr. Rodolfo disse: "De quem é a escolha do sentimento atribuído a essa situação?".

O funcionário pensou e por sua vez, enfatizou: "Minha".

Dr. Rodolfo continuou: "Como seria se você ouvisse, visualizasse e sentisse essas situações como desafios e oportunidades de crescimento e desenvolvimento?".

Um silêncio ensurdecedor tomou a conversa por apenas alguns instantes.

— "Entendo. A resposta está dentro de mim e não na situação ou nos outros. Se eu mudar minha percepção, mudo também os meus sentimentos e consequentemente os meus resultados. Muito interessante!", concluiu.

"Nossa!", exclamou o empregado, "tenho protegido meus filhos a vida toda dos leões e talvez tenha os tornados vulneráveis e sensíveis às situações adversas. Vou repensar isso também".

— "O que você aprendeu?", perguntou-lhe o Dr. Rodolfo.

—"Aprendi que devo amar meus leões e meus desafios. E por pior que possa parecer, neles eu posso identificar as oportunidades de crescimento".

— "Exato!", destacou Dr. Rodolfo, "como você acredita que conquistei o sucesso empresarial e pessoal?".

— ESSA É UMA DAS RECEITAS DO MEU SUCESSO -

Essa breve lembrança sinaliza o quanto posso aprender com as minhas próprias histórias de vida. Pare por alguns minutos e pense agora sobre a sua própria vida, sobre o seu emprego, os seus leões e como tem encarado as situações. Talvez nunca tenha pensado dessa maneira.

Amar os leões e os problemas não parecia lógico. Entretanto, a escolha de amar os leões permite desenvolver duas poderosas competências presentes nos profissionais de sucesso, a resiliência e o reenquadramento.

Resiliência: termo que tem origem na física. Em nosso contexto, a resiliência consiste na capacidade de se adaptar aos eventos, à forte pressão, a experiências que sejam difíceis e depois voltar ao estado inicial, ou seja, sofrer grande pressão e voltar à condição inicial. Como ilustração do que digo, podemos citar o elástico, que se estica e volta rapidamente para o seu estado de origem.

A resiliência somada ao conceito de reenquadramento permite ressignificar uma situação negativa em uma situação positiva, possibilitando encarar as adversidades de forma enriquecedora. Tal abordagem deriva da flexibilidade mental, emocional e comportamental, isto é, focalizar a oportunidade de aprender e crescer diante das adversidades ao retirar aprendizados das situações desafiadoras. **Pense o quanto você é resiliente de zero a dez.**

> **O rio atinge seus objetivos porque aprendeu a contornar obstáculos.**
> **(LAO-TSÉ)**

Para refletir: Como você é no seu ambiente familiar e empresarial ao se deparar com problemas? Enfim, como você enfrenta os leões da vida? Como "doma" esses leões? Utiliza chicote? Palavras ásperas e rudes com as pessoas? Como está sua habilidade de gerenciar essas situações? Você se culpa pelos os problemas e/ou leões da sua vida? Como tem pensado, visto, ouvido e sentido os leões da sua vida? Outro fator importante: será que o leão que está enfrentando hoje é seu? Ou talvez você tenha o hábito de querer resolver a vida de todos e se esquece da sua própria? E, finalmente, você ama os seus leões?

ATIVIDADE PRÁTICA: Responda Verdadeiramente

No seu ambiente familiar e empresarial você tem problemas ou enfrenta leões?

_____
_____
_____
_____

Como está seu nível de resiliência de zero a dez, em casa, no trabalho e nos relacionamentos?

_____
_____
_____
_____

Como você "doma" esses leões?

_____
_____
_____
_____

Utiliza um "chicote", ou seja, palavras ásperas e rudes com as pessoas?

_____
_____
_____
_____

Como está sua habilidade de gerenciar essas situações?

_____
_____
_____
_____

Você se culpa ou culpa os outros pelos problemas e/ou leões?
_____
_____
_____
_____

Como você vê, ouve e sente os leões da sua vida?
_____
_____
_____
_____

Os Leões/Desafios que tem enfrentado hoje na vida são seus ou de terceiros?
_____
_____
_____
_____

E finalmente, você ama os seus leões? O que pode aprender com eles?
_____
_____
_____
_____
_____

    Essa questão de "Amar os Leões" é um referencial muito relevante utilizado no *Coaching*; serve para enquadrar uma situação problemática em oportunidade de crescimento e desenvolvimento. Esse tema é tão interessante que Roberto Shinyashiki tem um livro que aborda o tema intitulado "Oba! Problemas!".

    É um assunto tão relevante que vou presentear a você, leitor, com uma poderosa técnica que desenvolvi e tenho utilizado muito em sala de aula e em palestras. E que você também poderá se beneficiar dos maravilhosos "Óculos da oportunidade".

1.2 Óculos da Oportunidade

Talvez você esteja se perguntando: Óculos da oportunidade? O que será isso e como funciona, afinal?

Vou te dizer uma coisa. O que acontece se você colocar óculos com as lentes azuis? Sua visão ficará azulada, ou seja, tudo azul. E se os óculos tivessem lentes amarelas ou verdes? Ficaria tudo amarelo ou verde. Então, **como seria se você utilizasse os óculos da oportunidade? Tudo seria uma oportunidade. Compreende?**

1.2.1 As técnicas e a base científica

Talvez você esteja se questionando como isso é possível.

Antes de tudo, a resposta é sim, isso é possível. Nós não respondemos à realidade, respondemos à nossa percepção sobre a realidade, ou seja, nós interpretamos os fatos com base nos sentidos da visão, audição, olfato, paladar e tato. E também em aspectos culturais, crenças e experiências pessoais.

Anthony Robbins, um dos maiores *Coaches* dos tempos atuais, em seu livro, destaca:

> (...) nunca é o ambiente; nunca são os eventos de nossa vida, mas sim o significado que atribuímos aos eventos – como nós os interpretamos – o que molda quem somos hoje e o que nos tornaremos amanhã (ROBBINS, 2012, p.89).

Tal referencial reforça que nossas respostas em determinadas situações irão moldar nossos resultados.

Ao estudarmos esses aspectos por meio da Programação Neurolinguística – PNL, mergulhamos nas palavras e na linguagem, acessando o nosso cérebro e, consequentemente, o nosso comportamento. Aprofundando os conceitos acerca do tempo, compreendemos que a realidade é complexa demais para interpretarmos e nosso cérebro acaba por simplificar o processo. As informações passam por filtros fisiológicos, culturais, inconscientes, entre outros, para então gerar as respostas.

Como exemplo, Bandler e Grinder (2011) evidenciam que em Maidu, uma língua indígena americana, precisamente do Norte da Califórnia, há apenas três palavras para descrever o espectro das cores: Lak, para o Vermelho, Tit, para o Verde-azul, e o Tulak, para o amarelo, o laranja e o marrom.

Essas três palavras traduzem as cores para essa tribo, ou seja, funciona como um filtro linguístico, cultural. Como exemplo, temos a tribo Tasadai, nas Filipinas. Em seu vocabulário não existem as palavras "detestar", "odiar" ou "guerra". Sem uma palavra para expressá-lo, o conceito parece não existir (ROBBINS, 2012).

Dessa maneira podemos instalar um filtro. No caso, os óculos que nos permitem transformar automaticamente situações problemáticas em oportunidades.

Essa poderosa técnica é denominada *reframe*, ou seja, reenquadramento, que de modo simplificado significa mudar o ângulo de visão, transformar uma situação negativa em positiva.

Quando analisamos a situação sob um novo prisma, conseguimos alterar, mudar, transformar o significado de uma situação negativa que uma pessoa está vivenciando para algo positivo, possível de construir então uma conexão positiva.

Tal pensamento está balizado também na lei da oportunidade:

> Dificuldades não aparecem para obstruir, mas instruir. Em cada contratempo ou obstáculo existe a semente de um benefício ou uma oportunidade igual, ou melhor. (TRACY, 2009, p.104).

Conforme o autor, cada problema gera uma oportunidade e cada adversidade, uma nova possibilidade de aprendizagem.

No livro "A Lei da Conexão", Michael Losier (2010) afirma que é possível desenvolver a competência de se reenquadrar uma situação negativa para uma positiva.

Um *Coach* tem a capacidade de ajudar o seu cliente a reenquadrar as situações. Dessa maneira, ele se sente naturalmente melhor, construindo pensamentos e comportamentos positivos frente às situações.

TÉCNICA: REENQUADRAMENTO (REFRAME)	
Problema	Reenquadramento
Que chuva chata!	A chuva é ótima para o jardim.
Ela me irrita com tantos detalhes.	É bom ter alguém que cuide dos detalhes. Eu não sei fazer isso.
O telefone do trabalho não para!	Meu trabalho está dando certo, recebo muitas ligações.
Desde que cheguei do trabalho, meu telefone de casa não para!	Tenho muitos amigos.
Minha vida é cheia de problemas!	Minha vida é repleta de desafios estimulantes!

Quadro 01: Reenquadramento. (Fonte: LOSIER (2010). Adaptado)

O Quadro 01 demonstra como a técnica pode ser aplicada. Tal abordagem está alicerçada na programação neurolinguística. O'Connor e Lages (2010, p.86) apresentam a programação neurolinguística (PNL) como "o estudo da maneira como a linguagem afeta nosso modo de pensar e consequentemente nossas ações". O pragmatismo da PNL, combinado à busca de resultados do *Coaching*, promove as mudanças necessárias ao progresso do indivíduo.

A programação neurolinguística contribui para ampliação da percepção das pessoas e consequentemente o aumento das opções da escolha. "A PNL tem por objetivo dar às pessoas mais opções de ações" (O'Connor e Seymour, 1996, p.19), ou seja, se você só tem uma ou duas opções para os desafios, então você não tem opções e talvez precise repensar todo o processo.

A PNL pode ser uma grande aliada no desenvolvimento humano. Para O'Connor e Seymour, "a programação neurolinguística é a arte e a ciência da excelência" (1995, p.19). Os mesmos autores ratificam que a PNL possibilita alcançarmos o melhor de nós mesmos.

Para Anthony Robbins, todos possuímos um dom, a nossa centelha de gênio esperando para ser despertada (ROBBINS, 2012, p.23).

Tendo como base esse referencial, podemos pensar e repensar nossa "realidade". É preciso compreender que temos em nosso DNA a potencialidade e a genialidade para ser despertada. E que com o *Coaching* e suas técnicas podemos ver no mundo um novo prisma, reenquadrando as situações para uma perspectiva positiva que gere aprendizado, desenvolvimento, crescimento e evolução na nova forma ver, ouvir, sentir, e interagir com o mundo, com as pessoas e com nós mesmos.

Um dos pressupostos da PNL é que mapa não é território (O'CONNOR, 2011). Essa referência destaca que cada indivíduo possui um mapa, e que esse mapa não representa a realidade, ou seja, nossa percepção é como um mapa que busca demonstrar de modo resumido o que é o território.

O mapa não consegue demonstrar com clareza os detalhes e as cores, os cheiros e os sons que possam existir no ambiente real, físico, concreto. Da mesma forma, nos seres humanos tem-se uma percepção singular da "realidade". Isto é, interpretamos o mundo usando o nosso mapa, que por sua vez é formado por nossas experiências de vida, a forma como interpretamos as palavras e os fatos que acontecem.

Ampliando a pesquisa sobre esse contexto podemos destacar a clássica obra "Os 7 hábitos das Pessoas Altamente Eficazes", de Stephen R. Covey (2011), que realça algo semelhante em sua famosa Regra de 90/10, afirmando que nós possuímos o controle de apenas 10% do que acontece em nossa vida e os outros 90% se devem à forma como nós reagimos aos acontecimentos, não possuindo, portanto, controle, ou seja, o significado que damos aos fatos. A forma como interpretamos e reagimos às situações é o que faz toda a diferença.

"Lembre-se de sempre se lembrar e continuar se lembrando: fato é fato, cada um dá a ele o significado que deseja". Pense por alguns instantes qual o significado que você tem dado para os fatos da sua vida.

Ao compreender que você pode dar significados positivos para todos os acontecimentos da sua vida, você se torna mais sábio e flexível, consequentemente, mais perto de alcançar alta performance em nível pessoal e profissional.

Esse é mais um dos segredos das pessoas de alta performance: veja, ouça e sinta os fatos e escolha o significado positivo e, consequentemente, comece a construir uma vida mais produtiva e positiva.

A escolha é sua. Busque um aprendizado novo em cada adversidade, em cada momento da sua vida.

> **AS PALAVRAS QUE VOCÊ ESCOLHE UTILIZAR NA SUA VIDA MOLDARAM SEU DESTINO.**

1.3 Minha história

Eu cheguei ao *Coaching* por meio desses óculos. Eu não sabia conscientemente que poderia instalar tal filtro, ou seja, os óculos da oportunidade, mas minha amiga Prof.ª Lurdinha sempre me disse "abrace" todas as oportunidades.

Recordo-me com clareza quando, em 2010, o coordenador de cursos de uma universidade me convidou para ministrar um curso de *Leader Coach*. Na época eu não sabia nada sobre *Coaching*. E tinha que dar uma resposta no mesmo dia. Eu teria um tempo para me preparar e eu abracei a ideia. Nesse dia, as coisas começaram a mudar na minha vida, o *Coaching* estava me chamado para uma nova história.

Até hoje fico analisando e identificando as oportunidades que estão disponíveis, sejam no trabalho, em casa, na escola/faculdade ou nos ambientes que frequento. Olho além e fico atento às oportunidades do mercado, na cidade, no estado e no País. Depois que conheci a *Florida Christian University*, ampliei essa percepção para nível global.

Algumas pessoas criam limites de sua atuação por questões geográficas. Pense, às vezes nossos amigos são derivados das pessoas que moram perto, aqueles que frequentaram a mesma escola, em especial aqueles que se sentavam perto de nós.

Convido você a acreditar que se você estiver com os óculos da oportunidade, você pode ir muito além. Tive o privilégio de ter aulas com a Prof.ª Adriana Mirage, Ph.D., que se tornou uma grande amiga. Recentemente ela lançou o livro "Embarque Já! O mundo te espera: 11 segredos de uma mente global para potencializar sua vida pessoal e profissional".

O livro narra sua experiência em mais de cinquenta e quatro países. Uma leitura inspiradora que faz repensarmos nossos limites em nível de ambiente, como lidar com a mudança de país, os desafios culturais e muito, muito mais. Mostra como romper limites e construir estratégias para internacionalização da carreira.

Prof.ª Adriana Mirage, Ph.D., destaca que ao adaptarmo-nos a um novo país, estamos sujeitos às frustrações do dia a dia, mas essa experiência também pode ser percebida como uma experiência global, uma oportunidade de aprendizado, um desafio (MIRAGE, 2013). Conforme destacado pela autora, tudo depende do significado que damos para as situações que vivenciamos. São os óculos da oportunidade funcionando mais uma vez.

Vivenciei esse processo na vida real quando recebi o convite para ministrar aulas na FCU. Ao presenciar alguns dias nos EUA, descobri que limitava o meu pensamento ao Brasil. Agora, no entanto, eu penso no Global. Acreditem, o livro da Prof.ª Mirage pode oferecer dicas preciosas para você alcançar esse resultado.

Aquele simples sim, ao receber o convite para ministrar o Curso *Leader Coach*, desencadeou uma série de outras decisões e resultados que interferiram positivamente na minha história de vida. O aceite para ministrá-lo foi uma escolha sem volta, tinha que aprender sobre *Coaching* e dar o melhor curso que conseguisse. Diante desse momento descobri que...

> **Lembre-se:** As oportunidades batem à porta de muitas pessoas todos os dias, porém cada um decide se irá abri-la, assumindo a responsabilidade pela escolha.

1.4 Questões de Coaching para Alta Performance

Toc ... Toc ... Oportunidade batendo a sua porta.

Convido-o agora, por alguns instantes, a mergulhar no seu "eu" e pensar, ouvir, visualizar e sentir.

- O que você realmente aprendeu com este capítulo?
- Por que valeu a pena lê-lo?
- Como você percebeu a história dos leões como professores?
- Como o capítulo toca as suas experiências de vida? Pense no seu passado, no presente e no futuro.
- Você tem se dedicado para transformar sua vida ou tem buscado realizar através da vida de outros? Quais são as oportunidades que estão à sua disposição?
- Quais são as os problemas/desafios, as adversidades que você está enfrentando? Como pode reenquadrá-los?
- Quais os limites que você percebe nos ambientes da sua vida?
- O que você pode fazer para superar esses limites?
- Esses limites são reais ou imaginários? Qual a evidência?
- Como superar ou tirar aprendizado dessa situação?
- Pense: quais são as oportunidades que você pode encontrar:
    - Em casa
    - No trabalho
    - Na cidade
    - No estado
    - No país
    - No mundo

Como será sua vida daqui 20 anos, se nada fizer com a leitura deste livro? E, o que você pode fazer hoje?

> **Pergunta Poderosa de Coaching:** Como posso encarar essa situação de forma positiva, de forma a gerar aprendizado para avançar?

Fato é fato, significado você que escolhe.

Qual o significado que você tem dado para as experiências do seu dia a dia?

Qual será a sua escolha?

O CHAMADO: O COACHING COMO INSTRUMENTO DE MUDANÇA

> A vida é o filme que você vê através
> dos seus próprios olhos.
> Faz pouca diferença o que está acontecendo.
> É como você percebe que conta.
> (Denis Waitley)

Objetivos

- Apresentar os conceitos sobre *Coaching*;
- Demonstrar os benefícios e possibilidades do *Coaching*;
- Evidenciar variáveis do comportamento humano;
- Sinalizar os resultados derivados, ações e reações do nosso comportamento.

2.1 O Coaching

Os desafios movem os guerreiros. Senti-me como um desbravador num novo território, pois já possuía conhecimentos sobre liderança. Porém, sobre *Coaching* não sabia quase nada. Mesmo graduado em Administração de Empresas nunca havia me deparado antes com o tema do *Coaching*.

Conhecia sobre liderança, porém, quanto ao *Coaching* meu conhecimento era estreito. Como sempre gostei de ler, os livros e a Internet foram os primeiros locais que possibilitaram compreender o *Coaching*.

Em minha pesquisa selecionei e estruturei os conceitos-chave do curso e do Processo de Coaching, tais como:

"Coaching é uma parceria continuada que estimula e apoia o cliente a produzir resultados gratificantes em sua vida pessoal e profissional. Por meio do processo de Coaching, o cliente expande e aprofunda a sua capacidade de aprender, aperfeiçoa seu desempenho e eleva sua qualidade de vida." (INTERNATIONAL COACH FEDERATION, 2013).

"Coaching é ajudar as pessoas a mudarem do modo que desejam e ajudá-las a irem à direção em que querem ir. O cachinho dá suporte às pessoas em todos os níveis para que elas se tornem o que querem ser e de fato sejam o melhor que puderem" (O' CONNOR E LAGES, 2010a, p. 7).

"É um processo interativo que fomenta a autoconsciência e a responsabilidade do cliente, potencializando seus talentos e aptidões para maximizar seu desempenho e impulsionando as mudanças através de ações concretas, criando um momentum (força adquirida pelos movimentos e pelo desenvolvimento de eventos) que possibilita ao cliente seu desenvolvimento" (PAIVA, MANCILHA, RICHARDS, 2011, p, 7).

A School of Coaching apud Downey (2010, p. 17) afirma ainda que "Coaching é a arte de facilitar o desempenho, aprendizado desenvolvimento de outra pessoa".

(As citações foram atualizadas para esta publicação)

Pessoalmente, eu defino o Coaching como:

- O processo de maximização da sua performance e que acelera seus resultados.

- A determinação de foco, o estabelecimento de estratégias e ações para alcançar os objetivos preestabelecidos.
- A possibilidade de acessarmos nosso gigante interior, acessar a fagulha da realização infinita que existe em nosso íntimo.
- É uma viagem interna que permite descobrirmos recursos infinitos para realizar coisas inimagináveis.
- É uma filosofia de vida, orientada para resultados extraordinários e centrada em valores humanos.
- É sinônimo de ação em prol dos objetivos.
- É um processo que permite acessar o melhor de cada indivíduo.

Ao imaginar como seria acessar o meu potencial infinito, eu pensei: **"se somos feitos à imagem e à semelhança de Deus, imagine o que podemos fazer?"**.

Uma luz brilhou na minha mente, meu coração batia de forma disparada, as palavras pareciam que conversavam comigo como uma doce música em meus ouvidos.

Senti verdadeiramente que poderia ter encontrado a resposta que busquei por toda a vida. Ouvi o meu eu interno dizer que *Coaching* poderia ser, então, a sistematização de vários conhecimentos estruturados para acelerar o resultado das pessoas. Visualizei esse processo e senti uma grande emoção.

Aqui, eu destaco os atores do Processo de Coaching:

- **Coach = é o profissional que atua com Coaching;**
- **Coaching = é o todo o Processo de Coaching com começo, meio e fim;**
- **Coachee = cliente que passa pelo processo de Coaching;**
- **Master Coach = o Mestre na arte do Coaching;**
- **Master Coach Trainer = o Professor/Treinador de Coaches.**

O processo de *Coaching* consiste basicamente em partir do estado atual para o estado desejado, conforme apresentado na figura 1, a seguir apresentada.

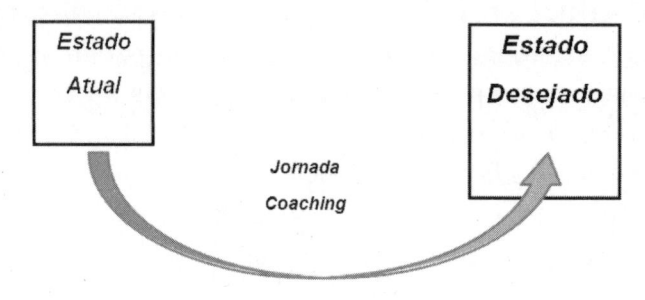

```
   ┌─────────┐                              ┌─────────┐
   │ Estado  │                              │ Estado  │
   │  Atual  │                              │ Desejado│
   └─────────┘                              └─────────┘
         ╲           Jornada                    ╱
          ╲          Coaching                  ╱
           ╲_____╱→
```

Figura 1 – A Jornada do Coaching.

Depois de visualizar o processo e sentir toda aquela emoção real, quase que automaticamente pensei no meu estado atual: um emprego em que sou sobrecarregado. Na época, eu lecionava em quatro instituições de ensino superior, me sentindo desvalorizado e às vezes até humilhado. Estado desejado: Ser reconhecido, talvez me tornar o dono no meu próprio negócio ou talvez diminuir minha carga de aulas. Um novo carro, uma viagem internacional e muito, muito mais.

As ideias foram surgindo na minha mente como um raio de sol no amanhecer, que ilumina e aquece.

Compreendi que o processo de *Coaching* poderia ser aplicado em várias dimensões da vida pessoal e profissional. A cada palavra lida, eu semeava sonhos e possibilidades em minha mente e ficava imaginando a realização dos meus sonhos.

O *Coaching* é um processo para o alcance de objetivo, com começo, meio e fim. Diante do exposto, posso afirmar que "o processo de *Coaching* tem dois objetivos principais: aumentar o conhecimento do cliente sobre si mesmo e ajudá-lo a definir metas. Não há processo de *Coaching* sem metas, da mesma forma que não há caminho que não chegue a algum lugar" (DINSMORE; SOARES, 2011, p. 55).

Conforme os autores supracitados, a base do processo *Coaching* é um objetivo claro que proporciona o aumento da percepção do cliente sobre ele mesmo, sobre sua meta, auxiliando-o a pensar nas opções de decisão e desenvolvendo autorresponsabilidade frente aos resultados da sua vida.

Em média, o processo de *Coaching* acontece em aproximadamente dez sessões ou encontros individualizados, de acordo com DOWNEY (2010), conforme a figura 2, que a seguir reproduzo:

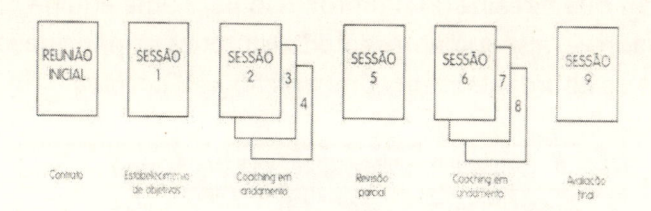

Figura 2. Proposta de programa de
Processo de Coaching. (Fonte: DOWNEY, 2010, p.103)

O *Coach* tem um conjunto de ferramentas e as utiliza conforme o contexto e o cliente. Evidentemente na primeira sessão o foco principal é a determinação do objetivo de forma clara e precisa, porém, no decorrer do processo pode acontecer um realinhamento desse objetivo, conforme a percepção do *Coachee* for crescendo, aumentando, sobretudo evoluindo.

É relevante destacar que o *Coaching* é diferente de outras abordagens como terapia, aconselhamento, consultoria e ensino. A seguir, algumas de suas definições para que fique clara a diferença:

Terapia tem ação remediadora, geralmente atrelada ao passado e ao alívio de uma dor, com foco no entendimento. **Consultoria/Aconselhamento**, por sua vez, tem ação direta no cliente, oferecendo sugestões, aconselhamento. O **consultor** geralmente é um especialista em uma determinada área e oferece o seu conhecimento em prol do cliente. O **treinamento** e o ensino são formas de transferência de conhecimento da arte de um para outro ou muitos. E, por fim, o **mentor** é uma pessoa com sólida experiência em negócios e ajuda o cliente no alcance dos objetivos, conforme os seus referenciais de vida.

O *Coaching*, por sua vez, emprega uma abordagem diferenciada, pois utiliza o conhecimento e a experiência do próprio cliente. Utilizando-se principalmente de perguntas que vão levar o *Coachee* a pensar e a acessar sua sabedoria interna, suas experiências, desenvolvendo uma parceria para conquista do objetivo pretendido.

Coaching geralmente é realizado de forma individualizada, salvo quando a abordagem é organizacional, ou seja, como *Coaching Group*, em que é realizado um processo para uma equipe de pessoas. O quadro 2, a seguir apresentado, sintetiza as principais diferenças entre as abordagens em comparação ao *Coaching*:

AS DIFERENTES ABORDAGENS E O COACHING	
ABORDAGENS PROCESSOS	**Coaching**
Terapia e aconselhamento profissional. - Abordagem Remediadora; - Foco no tempo: passado; - Enfoque no entendimento;	- Abordagem Generativa – Abordagem do problema; - Foco no tempo: presente e futuro; - Enfoque na ação.
Consultoria - Efeito no negócio como um todo é direto;	- Efeito no negócio como um todo é indireto;
Treinamento, ensino - Função (papel): Dar respostas; - Números: Uma para muitos.	- Função (papel): Fazer perguntas; - Números: Uma para um (Exceto o Coaching de equipes - Team Coaching / Coaching Group - com várias pessoas).
Mentoring - Experiência nos negócios do cliente é essencial.	- Experiência nos negócios do cliente é desnecessária, mas útil.
Gerenciamento - Direção: Diretiva.	- Direção: Não diretiva.

Quadro 2 - As diferentes abordagens e o Coaching.
(Fonte: JESUS, 2013; Adaptado).

2.2 Os Benefícios e as Possibilidades do Coaching

Investiguei sobre os resultados e aplicações do processo e me deparei com pesquisas que evidenciavam o quanto crescia o *Coaching* em nível mundial, em especial no que tange aos resultados que o processo de *Coaching* possa trazer no âmbito pessoal e no ambiente organizacional, onde sobremaneira cresce e se amplia a aplicação do *Coaching*.

Os resultados do *Coaching* são notórios: "*Coaching* produziu um retorno sobre investimento (ROI) de 529%, além de benefícios intangíveis segundo um estudo encomendado por uma empresa das 500 maiores da revista Fortune" (DINSMORE; SOARES, 2011, p. 66). Fiquei impressionado.

Segundo a Revista Fortune: Executivos que passaram pelo processo de *Coaching* classificaram o retorno quantitativo em seis vezes o valor do investimento. Algumas melhorias apontadas como resultado do *Coaching*:

- Melhor relacionamento de trabalho com subordinados – 77%;
- Melhor relacionamento com chefe – 71%;
- Melhor relacionamento com pares – 63%;
- Aumento do nível de satisfação com o trabalho – 61%;
- Aumento de comprometimento com a empresa – 44%;

Conforme a Folha de SP, Coaching melhora a performance de executivos: Executivos que passaram por "*Coaching*" melhoraram 90% em produtividade, 80% se mostraram mais abertos para mudanças organizacionais e 70% deles conseguiram melhorar o ambiente e o relacionamento no trabalho.

Consoante a FastCompany.com, há um crescimento explosivo dos líderes em Coaching: Dr. Brian Underhill, em um grande estudo e pesquisa, detectou que o *Coaching* agora está presente nos maiores níveis da organização. 43% dos "CEOs" e 71% do grupo de executivos sêniores de categoria superior relataram que tiveram experiência com *Coaching*. 63% das organizações contatadas disseram planejar e desenvolver o uso do *Coaching* nos próximos cinco anos. O mais revelador é que 92% dos líderes que fizeram *Coaching* disseram que planejam fazê-lo novamente. Todos os indicadores fornecem uma forte recomendação do *Coaching*.

2.3 As Aplicações do Coaching

O *Coaching* permite o desenvolvimento humano, fornecendo o foco, a energia e a motivação para mobilizar e realizar as ações que direcionem ao resultado almejado.

O *Coach* possui um vasto conjunto de ferramentas que permite ao *Coachee*, seu cliente, organizar e desenvolver metas e objetivos, bem como contribui no caminhar rumo aos objetivos preestabelecidos. O *Coach* acompanha e fornece técnicas, energia e motivação necessária para realização das tarefas que consequentemente vão conduzir ao êxito. Dentre as suas inúmeras aplicações, destacam-se:

Life Coaching – Coaching para vida

- Coaching para Relacionamentos;
- Coaching para Comunicação;
- Coaching para Emagrecimento;
- Coaching para Gerenciamento Emocional;
- Coaching para Qualidade de Vida;
- Entre outras abordagens.

Coaching APLICADO AO CONTEXTO ORGANIZACIONAL

O Coaching de Liderança: O modelo de Liderança *Coaching* pode revolucionar a condução das equipes. O processo geralmente se inicia com o gerenciamento de nós mesmos. No sentido de reconhecermos nossos comportamentos, sentimentos e buscarmos a excelência no nosso modo de liderar, com base nos princípios do *Coaching*.
O Coaching de Equipe: Aplicado para potencializar os resultados de uma determinada equipe frente aos objetivos organizacionais.
O Coaching de Performance: Atua na potencialização dos resultados, mesmo que você tenha atingido um bom resultado em nível profissional/pessoal. O *Coaching* de performance centra-se no autoconhecimento e conscientização do *Coachee* rumo aos objetivos, que perpassa pela reavaliação de crenças e de valores para ampliar o seu desempenho.
O Coaching de Carreira: Está centrado no traçar objetivos e ações para alcançar os resultados na carreira almejada.
O Coaching Organizacional: Pode se aplicar o *Coaching* na organização como um todo, focalizando a excelência organizacional e o desenvolvimento de toda organização.

(Fonte: MATTEU, 2011b, p. 183)

O *Coaching* pode contribuir significativamente na vida das pessoas e nas organizações. "O *Coaching* conduz ao êxito, à autonomia, à autorrealização e à performance profissional e organizacional" (CATALÃO; PENIM, 2010, p.5).

Conforme destacado pelos autores em destaque, o *Coaching* oferece mais que resultados: permite também o alcance da autorrealização, autonomia e desempenho desejados.

> Acelere o seu sucesso pessoal e profissional

A base do *Coaching* está na maiêutica, ou seja, no método desenvolvido pelo prestigioso filósofo Sócrates, ao recorrer às perguntas para ensinar as pessoas encontrarem as suas próprias respostas. Dessa maneira, o *Coach* não explica o que o cliente (*Coachee*) tem que fazer, ele o estimula por meio das perguntas para que o *Coachee* encontre a resposta e o seu próprio caminho.

Ao finalizar a construção do rápido curso de um dia, escrevi o que na minha concepção sintetizava o *Coaching*:

> O processo de *Coaching* permite o afloramento das potencialidades humanas e recorre a **perguntas poderosas** e a ferramentas próprias, promovendo, dessa forma, uma investigação interna por meio da reflexão que perpassa pela reavaliação de crenças e que pode gerar a conscientização quanto ao propósito de vida de quem a ele se submete (MATTEU, 2011, p.145).

Publicado no Livro: Manual Completo de *Coaching*

Naquele momento, pensei quase que involuntariamente por alguns segundos: **umas das minhas metas de vida é ser uma referência do Coaching no Brasil.** Logo, o crítico interno questionou: "será que você pode alcançar tão elevado destaque?".

Por certo que eu havia descoberto a beleza e a potencialidade do *Coaching* em pouco tempo. No entanto, o crítico interno tratou de sepultar essa ideia da minha cabeça, afinal, havia acabado de iniciar meus estudos sobre o tema e, com certeza, já existem grandes nomes do *Coaching* no Brasil. Todavia, certo de meu desejo, mais à frente, mediante o *Coaching*, aprendi a enfraquecer o "eu crítico" e a fortalecer o meu "eu realizador".

Convido você a imaginar metaforicamente que estamos em uma caverna completamente escura. Porém, cada pergunta equivale à utilização de uma lanterna que ilumina as áreas escuras da nossa mente. O processo de *Coaching* permite uma viagem dentro do universo mais fabuloso e misterioso, o universo do nosso "self", o "eu interior", para acessarmos o nosso melhor. Mais do que isso, o processo de *Coaching* permite repensar seu posicionamento no mundo, as oportunidades e as ameaças do ambiente em que está inserido.

Apaixonei-me realmente pelo tema, pesquisei muito e fui fazer a minha primeira formação específica em *Coaching*. Aprendi muito e agradeço ao José Roberto Marques, com quem no ano seguinte compartilhei a coordenação do livro *Master Coaches: Técnicas e Relatos de Mestres do Coaching*. Dediquei muito tempo e recursos para a formação *Business* e *Master Coaching*.

Talvez um dos grandes aprendizados que obtive nessas formações foi acreditar em minha própria história de vida, ao reconhecer, valorizar e respeitar cada momento e saber que tudo o que aconteceu teve um objetivo, sobretudo me tornar mais hábil, flexível e forte para enfrentar os desafios da vida.

Caro leitor, eu o convido neste momento a fazer uma breve reflexão sobre sua história. Por quantas adversidades você já passou? Quantos foram os momentos desafiadores, as derrotas e frustrações? Lembra-se deles? Agora, coloque os seus óculos da oportunidade e reveja sua história, de forma a poder compreender que tudo o que passou pode tê-lo deixado mais forte, possibilitando-o grandes aprendizados.

Lembro-me da ocasião da separação dos meus pais. Na época eu tinha cerca de cinco anos. Para uma criança não é fácil compreender tal situação. Apesar do apoio incondicional de minha mãe, a ausência da figura paterna pode ser vista como algo ruim e de certa forma foi o que ocorreu na minha infância.

Hoje, com uma mentalidade *Coaching* e com óculos da oportunidade, vejo a história com outras cores e sons, sem culpados ou mágoas, só com a certeza de amar meus pais, os quais eu agradeço.

A falta da figura paterna mais presente possibilitou que eu amadurecesse mais cedo. Desenvolvi o senso de responsabilidade mais cedo, o que contribuiu para me tornar uma pessoa mais independente.

> **Qual é a história da sua vida que pode ser repensada com óculos da oportunidade?**

O que mais me fascina no *Coaching* é a integração entre várias ciências e conhecimentos que verdadeiramente funcionam em prol do desenvolvimento. E o mais incrível talvez seja justamente a simplicidade dos conceitos e práticas que englobam as ferramentas de *Coaching* e a filosofia *Coaching*. Entendo como um conjunto de fundamentos que norteiam os *Coaches*.

> **Lembre-se, a única maneira de mudar seus resultados é mudar seu comportamento. (Kent Healy e Jack Canfield)**

2.4 A Engenharia do Comportamento Humano e o Coaching

Quando pensamos em alcançar nossos objetivos e sonhos que tanto desejamos, podemos refletir sobre nossos comportamentos.

O comportamento pode ser traduzido como uma ação e/ou reação exteriorizada pelo indivíduo, decorrente dos pensamentos e dos estímulos ambientais, e que é traduzida em forma de ação direta com o meio. É tudo aquilo que pode ser capturado por uma filmadora.

Compreender as fundações que alicerçam o nosso comportamento é como abrir uma planta baixa de uma casa, cheia de linhas, medidas, alicerces e dimensões que irão garantir a harmonia e a solidez da moradia, bem como os seus aspectos estéticos e funcionais.

De que forma você vem construindo a sua moradia? Tem total compreensão dos fatores inconscientes que dominam nosso comportamento? O que realmente e verdadeiramente faz sua casa sólida e segura? Que materiais têm utilizado para edificar sua vida?

Compreenda agora algumas variáveis que moldam o seu comportamento atual e compreenda que os resultados da sua vida estão diretamente ligados aos seus comportamentos.

Muitos teóricos já descreveram as variáveis que contribuem para caracterizar o comportamento humano, e vamos aqui destacar suas principais dimensões.

Stepanski e Costa (2012) destacam as variáveis individuais compostas por características inatas, experiências adquiridas ao longo da vida, principalmente por meio das influências dos pais, educadores, padrinhos e cuidadores, além dos aspectos ambientais que englobam aos fatores intrínsecos como o grupo sociocultural.

Para Moscovici, apud Stepanski e Costa (2012), três variáveis definem nossos comportamentos: a competência, a energia e a ideologia. Competência consiste em aspectos intelectuais inatos e adquiridos, conhecimentos, capacidades, além de experiência e maturidade.

A energia refere-se às questões físicas, mentais, emoções, sentimentos, entre outros. Finaliza-a com a dimensão ideológica composta por valores sociais, políticos, religiosos e filosóficos que influenciam a percepção e o raciocínio, consequentemente nossas decisões e comportamentos.

Outra abordagem interessante é a das quatro premissas clínicas de Kets de Vries:

- **Paradigma clínico é o de que todo comportamento humano, mesmo em suas formas mais estranhas e anormais, tem uma explicação racional;**
- **Nosso inconsciente tem um papel muito importante na determinação de nossos atos, pensamentos, fantasias, esperanças e temores;**
- **Nossas emoções contribuem para nossa identidade e nosso comportamento;**
- **O que determina o desenvolvimento humano é um processo interpessoal e intrapessoal (KETS DE VRIES, 2009).**

Conforme afirma o autor, é possível racionalizar uma explicação para cada comportamento. E o inconsciente possui grande influência em nossas condutas, que geralmente está associado a um fator emotivo.

A questão emocional também é chancelada a essa variável. "O comportamento é fruto de um conjunto de referências emocionais herdadas" (FERRAREZI, 2008, p.73) que se aproxima da quarta premissa destacando o processo interpessoal e emocional.

As questões emocionais também estão presentes no pensamento que destaca nossa personalidade, em especial as emoções básicas (tristeza, raiva, amor, medo e alegria), conforme destaca a figura 3:

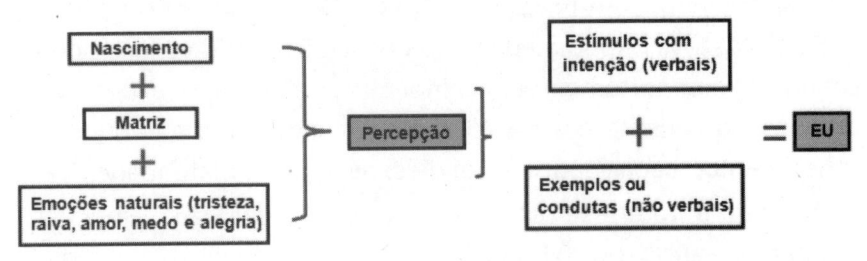

Figura 3 - **Fatores de Impacto na formação da personalidade.** (Fonte: Macêdo, 2007, p.22)

A compreensão das variáveis que compõem o comportamento é relevante para o processo de *Coaching*, tendo em vista que para alcançar o estado desejado, o objetivo do *Coachee*, o cliente vai ter que mudar/incorporar novos comportamentos.

Para tanto, podemos considerar também os princípios básicos de comportamento humano, segundo a lição de Chiavenato (2010, p.190):

- **As pessoas diferem em capacidade comportamental;**
- **As pessoas têm necessidades diferentes e tentam satisfazê-las;**
- **As pessoas pensam no futuro e escolhem como se comportar;**
- **As pessoas percebem seu ambiente em função das suas necessidades e experiências passadas;**
- **As pessoas reagem afetivamente;**
- **Comportamentos e atitudes são causados por múltiplos fatores.**

De acordo com o autor, cada indivíduo possui comportamentos singulares que estão atrelados às suas necessidades, podendo escolher como será sua conduta no futuro, o que abre as possibilidades para a atuação do *Coach*.

Nossos comportamentos estão atrelados às nossas emoções e percepções frente ao ambiente e às nossas experiências, o que resgata a importância do *reframe*, ou seja, de ressignificar as vivências do passado reenquadrando-as de forma positiva, gerando aprendizados e crescimentos.

Use os óculos da oportunidade e transforme sua forma de interpretar o mundo. Mais que isso, promova aprendizados dessas situações.

Para mudar comportamentos, o *Coaching* utiliza-se de perguntas que vão conduzir o *Coachee* rumo ao aumento de percepção à busca de novas opções e, principalmente, rumo ao autoconhecimento. "(...) o autoconhecimento é o ponto de partida para todo o processo de mudança pessoal" (MACÊDO, 2007, p.22).

Conforme evidenciado pelo autor, o autoconhecimento é um caminho para essas mudanças rumo ao objetivo do *Coachee*. O *Coaching* promove o autoconhecimento e integra diversas tecnologias em prol do desenvolvimento humano, em especial ciências comportamentais por meio de perfis comportamentais denominados *assessments*.

Os *assessments* permitem elevar a percepção dos clientes, acelerar o autoconhecimento e despertar a consciência frente aos seus comportamentos, o que significa o primeiro passo rumo à mudança.

Existem inúmeras ferramentas desse tipo, entre elas destaca-se o SOAR.

Essa é uma ferramenta utilizada pela *Florida Christian University*, da SOAR Global Institute, que identifica as tendências comportamentais do indivíduo em quatro traços de personalidades: dominante, extrovertido, paciente e analítico. E também em quatro subtraços: não dominante, introvertido, impaciente e não analítico.

Ela pode fornecer valiosas informações mediante um relatório preciso, que permite identificar a relevância dos aspectos subjetivos, relacionados a habilidades e comportamentos (MATTEU, FOGAÇA, 2013).

Essa ferramenta, ao ser utilizada em processos de *Coaching*, potencializa o autoconhecimento, ofertando um poderoso diagnóstico que pode servir de bússola eficaz para tanto, sobretudo para o autodesenvolvimento, em especial durante o processo.

Outra ferramenta simples e poderosa do *Coaching*, denominada como nível de satisfação, permite analisar e repensar diversas dimensões na nossa vida.

Também conhecido como Roda da Vida, permite pensar e avaliar a vida de forma sistêmica, cobrindo doze de suas dimensões, conforme se depreende da figura 4:

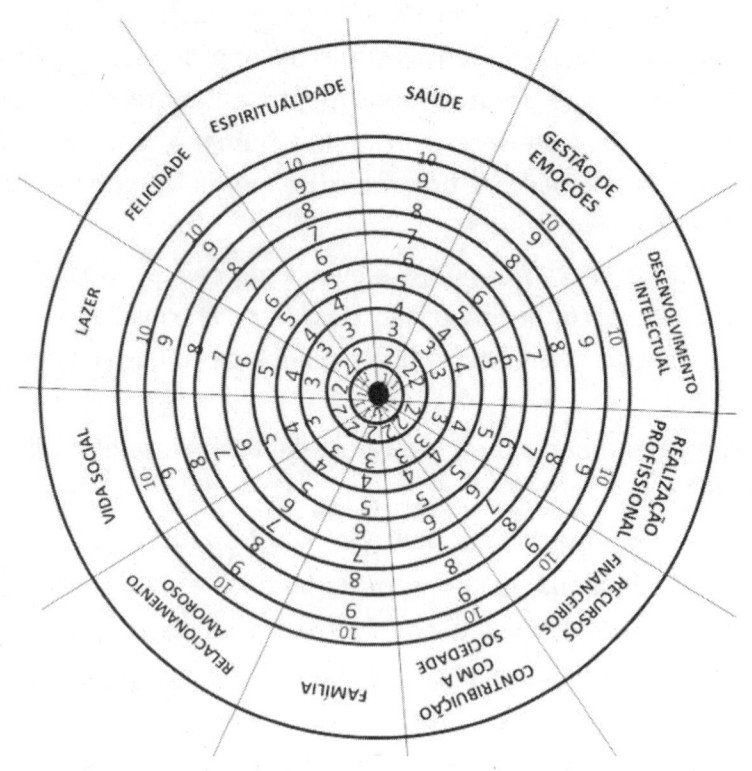

Figura 4 – Roda da Vida

Ao preencher a Roda da Vida, ficou notório que havia áreas da minha vida que estavam sendo negligenciadas. Veja a seguir minha roda como estava, conforme demonstrado na figura 5:

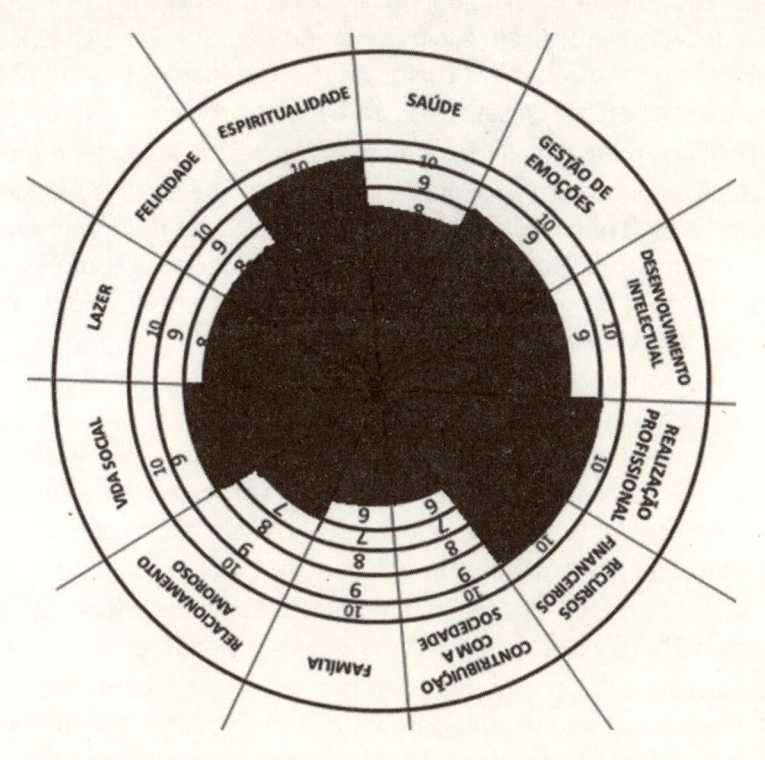

Figura 5- Roda da Vida – Douglas De Matteu – Dados Fictícios

A aplicação da ferramenta permite uma interessante reflexão sobre doze dimensões da nossa vida, de modo qualitativo e também quantitativo, à medida que quantifica o nível de satisfação em cada setor. Tendo como principal objetivo a expansão do nível de consciência sobre a vida, dessa maneira permite-se sinalizar caminhos para tomarmos ações, objetivando alcançar uma maior harmonia entre as partes.

Para melhoria da nossa vida não precisamos agir necessariamente no item que apresentou menor resultado. Recomenda-se pensar: Qual variável pode ser trabalhada que terá um efeito positivo nas outras? Ou seja, na minha roda decidi focar a questão do trabalho, que em minha opinião naquele momento da vida me daria maiores e melhores resultados.

Recordo que na época eu trabalhava na Universidade de Mogi das Cruzes, Faculdade de Tecnologia de Mogi das Cruzes e na Faculdade Unida de Suzano, todas em cursos de graduação e na FAEP/UMC e Universidade de Braz Cubas em cursos de Pós-Graduação. Muito trabalho não era um sinônimo de satisfação para mim naquele momento.

Defini os meus objetivos, que eram diminuir as aulas, ter e montar o meu próprio Instituto para propagar o *Coaching* e lançar a Associação Brasileira dos Profissionais de Marketing, bem como me tornar um escritor. Felizmente todos os objetivos foram realizados e, como escritor, pude participar de mais de 20 livros como coautor, culminando neste que é o meu primeiro livro solo.

Se eu consegui, você também pode alcançar. Durante todo o livro, compartilharei ferramentas e segredos que, se aplicados, poderão verdadeiramente fazer uma grande diferença na sua vida. Por exemplo, quando colocamos foco, planejamento e ação, as coisas acontecem e o *Coaching* pode ser a alavanca para alcançar o sucesso, pois contribui para estruturar a nossa mente e moldar nossos comportamentos.

Os resultados da vida estão diretamente atrelados aos nossos pensamentos. E a glória está calcada em nosso comportamento.

Imagine agora o seguinte exemplo: pessoas de baixo desempenho focalizam o negativo, reclamam dos outros, como o comportamento do chefe, do professor, dos impostos, da chuva, entre outros. Essas são variáveis incontroláveis.

Os *Coaches* e as pessoas de sucesso geralmente têm foco no que é positivo e no que podem fazer e fazem, ou seja, as variáveis controláveis. Podemos usar o guarda-chuva e mudar o nosso comportamento, afinal não mudamos o tempo chuvoso, assim como não temos o controle sobre as pessoas.

A mudança do comportamento do outro depende da vontade do mesmo. Se seu chefe ou professor não muda, então talvez você possa mudar e talvez influenciá-lo com a sua mudança.

Assim que efetuamos uma mudança, devemos reforçá-la no mesmo instante. Temos que condicionar o sistema nervoso para ter êxito não apenas uma vez, mas sistematicamente. Essa é a ciência do condicionamento neuroassociativo™ ou NAC (do inglês, Neuro-Associative Conditioning).

NAC é um processo gradativo que pode condicionar seu sistema nervoso a associar prazer às coisas que você deseja alcançar e associar a dor àquelas que escolhe evitar. A fim de se obter sucesso sistemático na vida, faz-se necessário um constante esforço e força de vontade (ROBBINS, 2012).

Responda: O que você aprende com o comportamento dele? Coloque-se no lugar dele e busque identificar uma intenção positiva no seu comportamento. Retome o seu papel: o que você pode fazer para se adaptar à situação?

Lembre-se da famosa frase de Charles Darwin: "não é a espécie mais forte que sobrevive, ou a mais inteligente, mas a que melhor se adapta à mudança". O quanto está preparado para mudar? Para o *Coaching*, o foco não é o passado, mas onde está agora e aonde você deseja chegar. Principalmente quais são as ações efetivas que pode realizar agora. Recordo-me de uma das frases de um dos seus mestres, o Dr. Jairo Mancilha: **Quem você é sempre começa agora.**

Pense, o que você pode fazer agora? Quais comportamentos que você possui e que podem ser repensados, alterados, mudados? Independentemente da história de vida, você tem a capacidade, a possibilidade e merece escolher um novo ciclo de pensamentos, comportamentos e, consequentemente, de resultados. **O real valor deste livro transcende as palavras aqui escritas, está nas atitudes que você terá após a leitura.**

> Você nunca sabe quais resultados virão de sua ação. Mas, se você não fizer nada, não existirão resultados.
> **(Mahatma Gandhi)**

Como seria descobrir maneiras para sistematizar seus sonhos de modo que seu cérebro possa trabalhar a seu favor? Como seria transformar sonhos em objetivos com uma das poderosas técnicas que permitem acelerar a realização dos mesmos? Permita-se ir para o próximo capítulo e descobrir tudo isso e muito, muito mais.

2.5 Questões de Coaching para Alta Performance

Lembre-se que este livro pode ser mais do que uma breve leitura, pode ser uma poderosa ferramenta para seu autodesenvolvimento. Para tanto, você tem que se permitir e responder verdadeiramente a cada exercício.

Você pode, também, tentar em vão, resistir e não ser tocado pelas perguntas.

- O que você realmente pode aprender com este capítulo?
- Por que valeu a pena lê-lo?
- Como o capítulo toca as suas experiências de vida? Pense no seu passado, no presente e no futuro.
- Quais são os comportamentos que você quer mudar na sua vida?
- O que te impede de fazer essas mudanças?
- Quais são os novos comportamentos que você pode introduzir no dia a dia para acelerar os seus resultados?
- Qual seria seu novo comportamento se ganhasse R$ 100.000.000,00?
- Pense se seu comportamento está mais alinhado com a postura dominante ou não dominante. Extrovertido ou introvertido? Paciente ou impaciente? Analítico ou não analítico? Como esses comportamentos te impulsionam ou te limitam?
- O que te impede de voltar até a roda da vida e pensar em cada dimensão?
- O que significa cada uma das variáveis para você?
- Qual seria a nota para cada face da Roda da Vida?
- Como seria preencher a sua própria roda?
- Ao analisar sua roda completamente preenchida, qual item pode ser trabalhado para potencializar todos os outros?
- Quais serão suas ações e comportamentos frente a essa roda?
- O que aprendeu com a Roda da Vida?

Perguntas Poderosas de Coaching: O que te impede de alcançar o seu objetivo? O que te impede de realizar os sonhos? E o que mais?

O que determina os seus resultados são os seus comportamentos. Pensamentos sem ação são como um lago sem água. Qual comportamento novo você pode assumir hoje?

O seu valor profissional não está no que você sabe, ou seja, no conhecimento acumulado. Seu verdadeiro valor está no que você faz com o que sabe. É o seu comportamento que vai determinar seus resultados e o seu valor.

OBJETIVOS E AÇÃO – UM NOVO TERRITÓRIO

> Nenhum vento será favorável para o barco
> que não sabe o seu porto de destino.
> (Sêneca – Lucius Annaeus)
> (5 AC a 65 DC)

Objetivos:

- Como transformar sonhos em objetivo;
- Como estruturar um objetivo;
- Apresentar as armadilhas da mente;
- Estratégias para conquistar os seus objetivos;
- A fórmula para acelerar os resultados.

Imagine como seria alcançar os seus sonhos? Algumas pessoas sonham com viagens, com uma família feliz, com um carro novo, sucesso profissional, casamento perfeito, uma formação universitária, uma casa própria, um corpo saudável, ser um empresário de sucesso, alcançar um cargo de liderança, muitos amigos, encontrar o amor que tanto deseja, entrar no Guinness Book, conquistar uma medalha de ouro, reconhecimento por parte dos pais, da família, dos amigos.

Acelere o seu sucesso pessoal e profissional

Eu imaginei participar de um livro, conhecer outros países, ser dono do meu próprio negócio, buscar o reconhecimento social.

Ao aplicar o autoCoaching, em quatro anos eu participei de mais de 20 livros. Nesse mesmo tempo, conheci o Paraguai, a Argentina, as fantásticas ruínas de Machu Picchu, no Peru, fiz compras em Miami, conheci o Mickey e o Pato Donald na Disney de Orlando, passei minha lua de mel na inenarrável cidade de Nova York e fiquei impressionado com Washington, nos Estados Unidos, terminei meu segundo Mestrado nos EUA e, além do meu Ph.D., me tornei professor na *Florida Christian University*, lecionando inclusive no Japão e me destacando como um dos *Coaches* mais notórios do Brasil.

Tudo isso em cerca de quatro anos. Talvez você pense: é fácil quando se tem dinheiro ou algo do tipo. Sim, investi recursos, porém, como já descrevi, sou professor e no Brasil é sabido que a profissão não é tão rentável, portanto, saiba que o combustível para realizar os seus sonhos não é basicamente o dinheiro. O recurso financeiro pode ser um agente viabilizador, porém não é o único.

Uma viagem aos EUA, com direito a conhecer a Disney quase de graça? Imagine qual a possibilidade de você conhecer os Estados Unidos gratuitamente e internacionalizar sua carreira? E ainda com passeio na Disney. Tudo isso aconteceu de forma muito rápida. Pois o *Coaching* acelera resultados, potencializa a performance quando você vive plenamente a sua missão de vida. Alinhados com seus valores, os resultados tornam-se extraordinários.

Como professor universitário, rotineiramente passava na mente um sonho: lecionar em nível internacional. Junto com esse sonho, na caixa secreta de sonhos enterrada no mais profundo "eu" da terra dos meus pensamentos mais íntimos, habitava também a vontade de infância de conhecer a Disney nos Estados Unidos, porém me parecia algo longe demais.

Meu inglês era limitado, meus recursos financeiros eram impeditivos, logo deixava esses sonhos muito escondidos no fundo da minha mente. Porém, algumas ações mudam completamente o nosso futuro. Em todo momento tomamos decisões na vida. Estas decisões nos aproximam ou nos afastam de nossos sonhos.

A primeira decisão que me levou a iniciar o Mestrado na *Florida Christian University* - FCU era o grande sonho de uma formação internacional. Ousei então me matricular e me programei para o final do ano seguinte defender o Mestrado e conhecer o tão sonhado EUA, assim teria tempo para aprimorar o inglês.

Porém, o *Coaching* é sinônimo de alta performance e permite acelerar os resultados. Em meados de março eu descobri que o reitor da FCU, Dr. Anthony Portigliatti, estaria no Brasil. Eu e meu parceiro e sócio, Wilson Nascimento, estávamos com nossos óculos da oportunidade e identificamos que poderia ser uma grande possibilidade para estreitarmos o relacionamento. E assim, no futuro, depois do nosso Ph.D., poderíamos lecionar na faculdade ou quiçá ter um núcleo da *Florida Christian University* em São Paulo.

Nossa simples ação movimentou o mundo ao nosso redor, mudando drasticamente o nosso futuro. Por conta do mestrado em Educação, Semiótica e Tecnologia que eu já havia concluído no Brasil, o convite para dar aula pela *Florida Christian University* aconteceu poucos dias após o primeiro contato com Dr. Anthony. Em alguns meses seguintes estava embarcando para os EUA com tudo pago para lecionar na FCU. Isso mudou fantasticamente o curso e os resultados da minha vida.

Conhecer os Estados Unidos, o Dr. Anthony, a Dra. Josie, a Dra. Adriana, o Dr. Benny, entre outros professores, alunos e novos amigos, mudou meu "mindset", ou seja, meu modelo de mundo. E vem contribuindo para me tornar o melhor Douglas De Matteu que eu posso ser. A propósito, reitero aqui o meu enorme agradecimento a todos eles.

Dessa maneira, fica a evidência de que pequenas ações podem acelerar os resultados. Se não tivéssemos nos movimentado e ido até ao Dr. Anthony, com certeza minha vida teria provavelmente tido um rumo diferente. Uma pequena decisão pode mudar totalmente o seu futuro.

> É nos momentos de decisão que seu destino é traçado.
> (Anthony Robbins)

O que te impede de alcançar os seus sonhos, transformá-los em objetivos? Essas metas precisam ser estruturadas, estratégias devem ser arquitetadas para alcançá-las. Como seria ampliar suas capacidades para tornar-se um engenheiro de sonhos?

Pergunta Poderosa de Coaching: O que te impede efetivamente de...?

Da mesma maneira que existem técnicas para plantar árvores frutíferas, para desenhar e construir arranha-céus, projetar um *software* e até cozinhar, há também um conjunto de conhecimentos que, quando bem estruturados, permitem potencializar as possibilidades de conquistas de nossos objetivos.

Os conhecimentos da programação neurolinguística, da administração de empresas, entre outras ciências, estão alinhados, unidos, conectados de modo interdisciplinar por meio do processo de *Coaching* para que alcance esse resultado.

3.1 Como Estruturar um Objetivo?

Como exemplo, um planejamento de meta pode seguir a seguinte estrutura:

- O que especificamente eu quero? Descreva com detalhes.
- Quanto e como vou mensurar? Como vou medir, como quantificar?
- Como vou alcançar o meu objetivo? Qual será adotado?
- Esse objetivo é relevante para mim? Por que vou/quero alcançar esse objetivo?
- Em quanto tempo será alcançado o objetivo? Determinar prazos de início e término de atividades para alcançar a meta.

Perceba que com as perguntas nós acabamos de utilizar uma ferramenta *Coaching*, de acordo MANCILHA; PAIVA; RICHARDS (2011). Pode-se utilizar o SMART, acrônimo que, conforme o quadro 3, significa:

Técnica SMART	
SPECIFIC	**ESPECÍFICO**
MEASURABLE	**MENSURÁVEL**
ACHIEVABLE	**ALCANÇÁVEL**
RELEVANT	**RELEVANTE**
TIME	**PRAZO**

Quadro 3 – SMART. (Fonte: MACILHA; PAIVA; RICHARDS (2011))

Conforme descrito no quadro anterior, nossa meta tem que ser SMART (Inteligente), ou seja, tem que ser a mais específica possível, capaz de mensuração, ser alcançável, isto é, tem que haver uma estratégia, um plano, o como realizar. Identificar a importância, a relevância e a existência de um porquê muito claro e forte para te mover para a ação. Estabelecer prazo, no sentido de ser temporal, estabelecendo um tempo para que a ação seja executada.

Desenvolvi o acrônimo, que vai um pouco além do SMART, o qual convido você a desenvolver seu objetivo de modo inteligente também, com acróstico "ESPERTA".

Técnica ESPERTA
E - ESPECÍFICO
S – SIGNIFICATIVO
P – POSITIVO
E – EVIDÊNCIA
R – ROTA DE AÇÃO / RECURSOS
T – TEMPO
A – AÇÃO / APRENDIZADO

Quadro 4 – ESPERTA. (Desenvolvido pelo autor.)

O quadro 4 enaltece sete passos que podem ser traduzidos em perguntas poderosas. Veja o detalhamento no quadro 5 a seguir:

Técnica Meta "ESPERTA"	
ESPECÍFICO: Um dos maiores desafios para conquistar um objetivo e a subjetividade do mesmo. Logo, para vencer isso é fundamental especificar ao máximo o seu objetivo.	O que deseja? O que deseja especificamente?
SIGNIFICATIVO: Seu comprometimento frente ao seu objetivo muda conforme o significado que você atribui para ele. Se for pouco relevante para você, consequentemente as possibilidades de alcançá-lo diminuem.	Qual o seu ganho em conquistar esse objetivo? O que significa para você este objetivo? O que muda na sua vida ao conquistá-lo? Quais emoções positivas em conquistar o objetivo?
POSITIVO: É comum as pessoas quererem algo negativo como objetivo, ou seja, quero "perder peso". Pense neurologicamente: quem quer perder algo? Ou ainda, se perder, pode achar depois. Então transforme seu objetivo em uma linguagem positiva. Ao invés vez de sair do vermelho (negativo no banco), determine quanto ficará azul (positivo).	Esse objetivo pode ser traduzido de uma forma mais positiva?
EVIDÊNCIA: A falta de tangibilidade é um dos maiores riscos para produzir um bom objetivo. Por exemplo, quero que meu relacionamento seja mais feliz, quero gerenciar melhor minhas emoções. Temos que transformá-los em algo mais palpável: meu relacionamento vai ser mais feliz quando viajarmos duas vezes por ano, quando sairmos para namorar toda semana ou minha evidência que gerencio minhas emoções é quando ficar um mês sem brigar e/ou chorar por questões de trabalho.	Qual evidência que alcançou o seu objetivo? Qual é o marco que podemos definir para determinarmos que alcançamos o objetivo?

ROTA DE AÇÃO/ **R**ECURSOS: Estão relacionados às ações e às estratégias para a realização dos objetivos, bem como os recursos, sejam eles quanto a tempo, dinheiro e/ou recursos emocionais, como coragem, autoconfiança, persistência, energia etc.	Como posso conquistar o meu objetivo? Quais serão as ações/Estratégias? Quais recursos serão necessários? Qual recurso emocional? Quem pode te ajudar para conquistar esse objetivo?
TEMPO: Definir um marco temporal. Com prazo, com realização, preferencialmente dia, mês e ano, em alguns casos até com hora, quanto mais detalhado mais concreto.	Quando vou entrar em ação? Qual dia, mês, ano e hora? Quando vou alcançar o meu objetivo?
Ação / **A**prendizado: Uma vez passado pelos itens anteriores, é fundamental agir. Sua atitude definirá seus resultados. Defina ações concretas e exequíveis e lembre-se de sempre se lembrar e continuar se lembrando, qual o aprendizado que se extrai dessa ferramenta. Lembre-se, o *Coach* busca sempre gerar autoconsciência e aprendizados para promover a autonomia do seu cliente. É relevante checar o nível de comprometimento frente ao processo antes de finalizar.	Quais são as ações específicas para realizar o seu objetivo? O que mais pode ser feito? De zero a dez, quanto está comprometido com as ações? E quais são os aprendizados dessa ferramenta? O que valeu a pena nesse processo?

Conforme demonstrado no acróstico ESPERTA, as questões organizadas e estruturadas desencadeiam uma linha de raciocínio que evidencia e oferece tangibilidade ao objetivo, oferecendo significado, que está atrelado à motivação, bem como sistematiza de forma positiva o objetivo, levando o cliente a planejar ações, inventariar os recursos necessários, estabelecendo prazos e definindo ações práticas, e gerar aprendizados valiosos.

É incrível como existem pessoas que têm clareza do que não querem. Eu ouço pessoas falarem que não querem ficar solteiras, no entanto estão solteiras. Não querem mais trabalhar em determinada área e estão trabalhando. Não querem mais passar apuros com dinheiro e estão sempre passando apuros com isso. Lembrou-se de algum caso assim? Ou talvez você seja assim...

Acelere o seu sucesso pessoal e profissional

Para ser sincero, eu também fui assim, mas no *Coaching* aprendi e entendi porque as pessoas conseguem aquilo que não querem. Exato, a maioria consegue o que não quer, pois focaliza o que não quer.

CASO DE SUCESSO: ESPECIFICANDO OBJETIVOS

Coachee: quero sucesso profissional.
Coach: O que especificamente representa o sucesso profissional para você?
Coachee: Um bom emprego.
Coach: O que é um bom emprego?
Coachee: Onde eu ganhe bem.
Coach: Bem, quanto é ganhar bem para você?
Coachee: Uns cinco mil reais por mês (R$ 5.000,00)
Coach: Onde especificamente gostaria de trabalhar para ganhar esse salário.
Coachee: Em uma multinacional.
Coach: Qual especificamente?
Coachee: Em um banco.

Fui especificando, mensurando, questionando como faria, o que representava para o *Coachee*. Finalmente estabelecemos recursos necessários, um prazo e ações simples e poderosas, bem como poderosos aprendizados. O *Coachee* destacou "agora tenho mais claro o caminho a ser percorrido, as ações e a minha responsabilidade frente aos objetivos". O cliente chegou com uma ideia de sucesso profissional e saiu com objetivo claro, onde iria trabalhar, quando, como chegaria e quanto iria ganhar. Saiu da terra do nunca, dos sonhos para objetivos concretos e palpáveis, agora vive na terra da realização e já está trabalhando no banco desejado e caminhando para alcançar o salário almejado.

Você vive na terra dos sonhos ou tem objetivos tangíveis?

John Whitmore (2010), em seu livro *Coaching para Performance*, destaca que:

> Nós acabamos conseguindo aquilo que nos concentramos. Se tememos o fracasso, concentramo-nos nele e é isso o que conseguimos (WHITMORE, 2010, p 62).

Logo, fica evidenciada a necessidade de foco para conquistar os nossos objetivos almejados. Mais que isso, foco no positivo, como Martin Seligman, pai da Psicologia Positiva, destaca:

> Um estado de espírito positivo nos induz a um modo de pensar completamente diferente de um estado de espírito negativo (SELIGMAN, 2004, p. 54).

Conforme o autor destaca quando o nosso estado de espírito está no positivo, nossa forma de pensar e agir são diferentes. Como seria se você usasse os óculos da oportunidade com a lente da positividade?

Quero evidenciar aqui que um poderoso segredo das pessoas de sucesso e de grandes *Coaches* é acreditar verdadeiramente que você pode ser o que desejar ser. Focalize positivamente o que deseja, se dedique, estude e se mova diariamente rumo ao seu objetivo. Tenha o seu objetivo escrito, persista sistematicamente e conquistará o resultado esperado.

Expressar seu objetivo em positivo e evitar pensar no inverso, qual seja no fracasso, é fundamental, bem como utilizar com cuidado a palavrão "não". Esta palavra possui uma explicação contundente para algumas pessoas que a utilizam de modo inadvertido, pois o cérebro humano não identifica e nem interpreta a palavra não. Exemplo: não pense em um macaco cor de rosa dançando em cima de uma cadeira verde. Pronto, você pensou. Seu cérebro processou os pensamentos como se o "não" fosse inexistente. Certo? Logo, devemos tomar um grande cuidado quando o utilizamos.

Outro fator relevante nesse sentido é o foco. Quando penso ou falo "não quero mais comer doce", onde está o foco? O foco do pensamento está no doce e é o doce que você vai atrair. Faz sentido?

> **Caso Prático: Eu sei o que não quero.**
>
> Estava na festa de aniversário de uma amiga. A mesma estava solteira, bonita e comunicativa. Então, ela desabafou: "não estou achando um bom homem". Mesmo rodeada por pretendentes, confidenciou: "não sei o que acontece, pois só me envolvo com os homens errados".
>
> Questionei: "Que tipo de homem você procura?". Rapidamente ela respondeu: "Eu não quero um homem infiel, preguiçoso, muito novo e assim por diante, porém, é só isso o que me aparece".
>
> Perguntei-lhe como seria se ela focalizasse o que quer em lugar daquilo que não quer?
>
> "Hum! Parece-me uma boa ideia". Respondeu ela.
>
> Em poucos meses a mesma já estava namorando e feliz. Simples assim!
>
> **Para refletir:** "Lembre-se que neurologicamente o cérebro é incapaz de identificar a palavra **não**". Exemplo: "Não leia!". Já leu. "Não pense em um coração azul com listras amarelas!". Pronto, aconteceu. Cuidado com o uso do Não! Evite-o!
>
> **FOCALIZE E BUSQUE O QUE DESEJA.**

Em vez de focalizar o que "não" se quer, focalize o que deseja. Pare e pense, como seria isso na sua vida hoje?

> Lembre-se: Em vez de focalizar o que "não" quer,
> focalize o que deseja.

3.2 As Armadilhas da Mente

Ao estudar e me formar em *Coaching* me senti diferente. Minha mente foi acessada de uma forma especial e meu coração batia mais aliviado, tanto quanto entusiasmado. Comecei a refletir sobre os meus sonhos, porém agora acreditava verdadeiramente na sua realização e obtinha as ferramentas para alcançá-los.

O sentimento de frustração e tristeza que antes batia em meu peito começou a se acalmar. Os olhos lacrimejavam e coração acelerava à medida que eu visualizava a nova realidade. Percebi que anteriormente eu era o próprio carrasco dos meus sonhos, pois entendi que sou plenamente responsável pela realização dos mesmos.

Lembrei-me que até antes de entender o processo de *Coaching*, eu só havia entregado desculpas, criando uma avalanche de pretextos para não fazer acontecer. Eu sofria por conta de uma autossabotagem constante.

Pergunta: Você já usou de pretextos e desculpas por não ter alcançado determinado objetivo? Conhece pessoas assim? Já fez isso? Como se sente a esse respeito? Até quando vai colocar a responsabilidade dos insucessos da vida em outrem?

Recordo-me quando participei do *InterCoaching* de Curitiba por meio da parceria entre FCU e FESP. Nesse grandioso evento pude ter acesso a uma diversidade cultural e intelectual de altíssimo valor. Um dos momentos altos do evento foi quando pude conhecer de perto o grande escritor, pensador e pai da Teoria de Inteligência Multifocal, Dr. Augusto Cury, e sua filha, Carol Cury.

Realmente fiquei impressionado com a simpatia e humanidade que transbordam de seus comportamentos simples. Quando abre a boca, ele pronuncia palavras cobertas de rico conhecimento científico e repletas de amor e humanidade.

Dr. Augusto Cury (2010) alerta que talvez boa parte da sociedade esteja presa às armadilhas da mente, tais como o conformismo, o coitadismo, o medo de reconhecer os erros e o medo de correr riscos.

Talvez, somente diante dessa breve lista você já tenha se identificado com algum ou alguns de seus itens. Eu reconheço que sofri como a grande maioria da população. CURY (2010) destaca que existem diversas armadilhas mentais capazes de aprisionar a todos nós. E nenhum ser humano está livre, seja criança, adulto, intelectual ou não. De certa forma ficamos acorrentados em nossos próprios pensamentos.

A mente pode ser o seu maior tesouro, porém pode ser seu maior limitante para alcançar resultados extraordinários. Pense: é possível viver acorrentado dentro de si?

3.2.1 O conformismo

"Pare e pense que existem pessoas em situações bem piores. É a vida, vou fazer o quê?". São essas as falas frequentes de quem sofre de conformismo.

O conformista é aquele que aceita passivamente as adversidades da vida e as barreiras sociais. Esta é "a arte de se acomodar, de não reagir e de aceitar passivamente as dificuldades" (CURY, 2010, p.48). É uma postura recorrente de uma pessoa conformista interpretar todas as situações como "obras do universo" e não reagir a elas.

Para enfrentar esse comportamento e contrariar as atitudes do conformista, podemos desenvolver uma postura como um ativista que percebe oportunidades, enfrenta desafios e atua com determinação e proatividade frente a situações adversas.

Talvez essa seja a mais perversa das armadilhas, pois consegue neutralizar nossas forças e nos congelar na inércia. E assim ficamos fadados ao mesmo por toda vida, acomodados com a situação, tão somente nos conformando.

3.2.2 O coitadismo

"Nada que faço dá certo! Não tenho solução! Ninguém gosta de mim!".

Pessoas que repetem essas frases são aquelas que potencializam o conformismo, assumindo um papel dramático, autopunitivo e às vezes até depressivo. Sua certeza é de que estão fadadas ao fracasso. Pessoas com tal atitude são geralmente contrárias às mudanças, são pessimistas e passivas diante da vida.

O "coitadista" se impede de decifrar seu potencial intelectual, sendo um especialista na arte propagandista de suas próprias fragilidades e miserabilidades, julga-se como eterno perdedor imutável, condena as ambições sem saber a importância que elas tenham e por isso condena-se a viver sempre à margem de tudo e de todos (CURY, 2010).

Esse perfil tem sempre uma desculpa lógica para justificar seus resultados, afinal, possui um repertório infindável de histórias, muitas vezes bem estruturado para amparar sua inércia comportamental.

3.2.3 O medo de reconhecer os erros

O medo é um fantasma que existe em cada ser humano e que ganha força todas as vezes que o acreditamos e o potencializamos. São da natureza humana as imperfeições, os defeitos, as fragilidades, a estupidez e as incoerências. Então, por que nossa sociedade nos ensina a esconder nossa humanidade?

Existe um pressuposto da linguagem Ericksoniana que destaca o seguinte: "Todos nós somos, assim como a humanidade, perfeitamente imperfeitos" (ADLER, 2010, p.21). Logo, por que as pessoas têm tanto medo de reconhecer os seus próprios erros?

> Uma pessoa que defende suas ideias está correta, mas quem defende demasiadamente sua posição revela uma grande insegurança (CURY, 2010, p. 63).

É importante ter coragem para conhecer algumas áreas de nossa personalidade e enfrentar a realidade sem se deixar levar pelo vírus do orgulho. Muitas vezes, esse vírus é passado de pais para filhos.

Reconhecer os erros nos ajuda a superarmos os conflitos particulares e nos auxilia a projetarmos novas perspectivas e superarmos nossos medos.

No Coaching, eu aprendi que jamais existem erros, existem apenas resultados. Que podem ser os esperados e planejados ou não. Simples assim. Não alcancei o resultado esperado, então o que posso fazer de forma diferente para alcançar o objetivo proposto?

Já pensou nisso? Como seria? Mais que isso, toda vez que não atingimos o resultado esperado, nasce nesse momento mais um galho para sua árvore da sabedoria, pois os sábios retiram aprendizados valiosos dos insucessos para construir o sucesso. Pense nisso.

3.2.4 O medo de correr riscos

O que você faria se tivesse certeza de que tudo que se empreitasse a fazer desse certo? Essa poderosa pergunta *Coaching* permite pensarmos além do vale dos medos, que não raro limita nossas realizações.

Pergunta: "Como seria nossa humanidade se eliminássemos todos os riscos?" (CURY, 2010).

O medo de ousar é capaz de limitar nossos resultados e bloquear a inteligência e a liberdade. Quem tem medo de correr riscos assume suas limitações em face de suas conquistas. E tal postura pode constituir uma muralha de medo que se torna intransponível. Pode cristalizar os comportamentos simplesmente por não ousar colocar em prática seus projetos.

A volatilidade da sociedade contemporânea reflete um mundo de incertezas.

> É preciso aprender a navegar em um oceano de incertezas em meio a arquipélagos de certezas (MORIN, 2000, p. 16).

Edgar Morin, autor da teoria da complexidade, evidencia que no contemporâneo a certeza e a incerteza habitam o mesmo cenário, isso quer dizer a mudança apresentar-se constante, a previsibilidade e a imprevisibilidade fazendo parte do cotidiano, portanto, **o medo pode ser uma injeção letal para as realizações.**

Podemos assumir o papel de capitão no navio da nossa vida e desbravar o oceano de incertezas ou simplesmente escolher não nos lançarmos ao mar, ficar limitados e enraizados em terra firme, inertes, parados como uma árvore vendo a paisagem e ouvindo o som do vento, sentindo a vida passar. Mais cômodo, diriam, contudo, pouco ou nada frutífero.

O risco pode ser encarado como uma aventura que possibilita o desenvolvimento de laços, desenvolve a nossa criatividade, intuição, inspiração, coragem e determinação.

A proposta aqui não é viver na ausência de medo, mesmo porque temos ao nosso favor o SAPE – Sistema de Autopreservação e Preservação da Espécie (MACHADO, 2010), que conserva nossa espécie, sendo acionado quando colocamos nossa vida em risco. O pensamento aqui se constitui em desenvolver consciência de que corremos riscos todos os dias. Viver é correr riscos, seja por meio de um acidente de trânsito, uma catástrofe natural, na prática de esportes ou em um simples tropeço na calçada. Tudo isso faz parte do nosso risco cotidiano.

Correr risco pela emoção do risco torna-se desnecessário. Podemos, no entanto, desafiar os nossos medos, enfrentar os riscos que nos levem à realização de nossos sonhos, tomando o medo como a um professor para aprimorarmos novas habilidades e ampliar nossa autoconfiança. O medo de ousar encarcera o potencial afetivo, intelectual e, sobretudo, de alcançarmos resultados fantásticos.

O Instituto Nacional de Saúde Mental dos Estados Unidos fez uma pesquisa em 2012 sobre o medo, sinalizando que cerca de 60% dos nossos medos nunca acontecerão. Outro dado interessante é que 90% dos medos que temos são referentes a coisas insignificantes (REGO, 2013).

Os 7 venenos da Alta Performance

Tomando como base as quatro armadilhas que Dr. Cury sinalizou, apresento os 7 Venenos da Alta Performance: **Conformismo**, o **coitadismo**, o **medo de reconhecer os erros e o medo de correr riscos**, e eu incluo **procrastinação, o contador de histórias e a terceirização dos resultados**.

A **Procrastinação** é a capacidade do indivíduo em deixar as coisas importantes para serem realizadas posteriormente, ou seja, a pessoa que vai adiando, emburrada, as ações e consequentemente envenenando seus resultados. Você tem comportamentos desse tipo?

O **contador de história** é o sujeito que sempre possui uma "desculpa", isto é, uma "historinha" para contar, essa mania de contar desculpas, inventar histórias para justificar a inércia, "não tenho dinheiro" e "não tenho tempo" são as expressões mais comuns nos relatos.

O último veneno é que assombra o sonho e a mente de diversas pessoas – é a **terceirização dos resultados, ou seja,** transferir a responsabilidade dos resultados da vida a terceiros. "É culpa do governo, do esposo(a), filhos", entre outros.

Pode ser duro, porém **lembre-se de sempre se lembrar e continuar se lembrando, você tem a vida que merece!.** Os resultados da sua vida derivam de suas decisões e de suas ações.

Vença de uma vez por toda a tendência humana de transferir a responsabilidade de tudo para outrem. Evidentemente que não controlamos a economia e outras inúmeras variáveis e que o contexto pode influenciar nossos resultados, mas aqui a tônica é evidenciar **qual sua ação diante da situação.** É isso que fará toda diferença.

SETE VENENOS DA ALTA PERFORMANCE

- **Conformismo;**
- **Coitadismo;**
- **Medo de reconhecer os erros;**
- **Medo de correr riscos;**
- **Procrastinação;**
- **Contador de histórias;**
- **Terceirização dos resultados.**

3.3 Como Vencer as Armadilhas e Parar de Tomar Veneno.

O melhor caminho para vencer as armadilhas e deixar de tomar venenos que impactam a sua vida é simples e poderoso: primeiro amplie sua percepção e tome consciência que você é responsável pelos resultados da sua vida. Segundo, assuma a responsabilidade e, finalmente, entre em ação.

Você pode também utilizar uma técnica poderosa desenvolvida pelo Dr. Augusto Cury (2010), que é o DCD - Duvidar, Criticar e Decidir. Perceba que na vida e no *Coaching* existem grandes poderes em técnicas simples e que, quando aplicadas, podem resultar em grandes mudanças. Consistem em:

- **DUVIDAR**
- **CRITICAR**
- **DECIDIR**

Pergunte a si mesmo: esse medo e/ou desculpa ou veneno me potencializa ou me limita? Duvide da sua concretude. Critique até que ponto seja verdade esse pensamento ou esse medo. O conformismo pode e deve ser duvidado, criticado, resultando em decidir diferente. Cada Armadilha ou Veneno pode ser superado, tomando a consciência deles e decidindo por um resultado diferente. Podemos até incluir aqui outra técnica poderosa do *Coaching* - "Os ganhos e perdas" -, fazendo o seguinte questionamento: o que ganho e o que perco com esse medo? Faça uma lista com duas colunas e, por fim, decida.

Podemos ampliar essa reflexão de um modo interessante ao considerarmos a seguinte pergunta: "qual sentimento está atrelado a este pensamento?". De acordo com Eugênio Ferrarezi, "O comportamento é fruto de um conjunto de referências emocionais herdadas" (FERRAREZI, 2008, p. 73).

O que estimula um pensamento bidirecionado? A emoção que está atrelada é positiva ou negativa? Esse é um comportamento meu? Ou estou replicando um comportamento dos meus pais ou cuidadores?

É relevante destacar que, de acordo com Nascimento e Matteu (2013, p. 204):

> - Pensamento negativo => Sentimento negativo => Comportamento negativo => Resultado negativo.
> - Pensamento Positivo => Sentimento Positivo => Comportamento Positivo => Resultado Positivo.

Diante do exposto, tudo começa no pensamento e segue desencadeando sentimentos e comportamentos até culminar nos resultados. Ao conseguir gerenciar positivamente o foco do seu pensamento, você começa a moldar os seus resultados.

Analisar o comportamento, questionando:

> - Tem emoção positiva ou negativa nesse comportamento?
> - Estou sofrendo alguma das armadilhas da mente?
> - O que eu ganho e o que eu perco com esse comportamento?
> - Esse comportamento é meu ou estou replicando o modelo dos meus pais?
> - Como será meu futuro se eu mantiver esse comportamento?
> - Como seria se eu alterasse esse comportamento?
> - Imagine três comportamentos diferentes para o caso, como é ver, ouvir e sentir essas três possibilidades?
> - Se esse comportamento fosse de uma terceira pessoa, um amigo, por exemplo, como eu o avaliaria ou o criticaria?
> - Utilize o "DCD" - Duvide, Critique e Decida.

DICA IMPORTANTE

> Lembre-se que pessoas de alto desempenho, *Coaches* em especial, concentram-se em variáveis controláveis e em aspectos positivos, enquanto pessoas de baixo desempenho concentram sua energia e pensamentos em variáveis que não controlam e, sobretudo, em aspectos negativos.

3.4 Técnica especial para acelerar resultados: Ensaio Cognitivo / "Emotização"

Nosso cérebro não consegue distinguir o que é real do que é imaginário. E diante desse aspecto temos uma poderosa técnica utilizada no *Coaching* – o Ensaio Cognitivo – em que o cliente utiliza a imaginação de forma repetitiva para criar uma referência, desenvolvendo novos caminhos neurológicos, uma poderosa experiência para o *Coachee* no que tange ao objetivo a ser alcançado. É como se fosse um tipo de treino, só que ocorre mentalmente.

O que acontece no mundo exterior deve ocorrer primeiramente no mundo interior, de modo que instrua seus clientes a ensaiarem mentalmente suas metas e tarefas (O´CONNOR, LAGES, 2010).

> O ensaio mental ativa o mesmo circuito neural que a atividade real. É por isso que os atletas olímpicos passam a baixa temporada repetindo seus gestos no cérebro – porque isso também conta como tempo de prática. Aumentará sua capacidade de desempenho quando o momento real chegar (GOLEMAN, 2012, p.101).

Conforme o autor, o ensaio mental, também conhecido como ensaio cognitivo, é uma forma de treinamento prático, ainda que aconteça de forma mental. Destaca a utilização dessa estratégia por parte dos atletas.

Também descrita como memória de futuro, predefinindo uma intenção futura de modo repetitivo para gerar um novo padrão de pensamento e se preparar para êxito, facilita o alcance de nossos objetivos (ISRAEL; NORTH, 2012).

Podemos potencializar esse processo "emotizando", termo cunhado pelo Ph.D. Luiz Machado, que destaca que, ao mobilizar as emoções nas visualizações, acionamos o sistema límbico do cérebro, que tem a capacidade de acionar o cérebro todo por meio do sistema de autopreservação e preservação da espécie. Esse poder é capaz de ser canalizado para realização de nossos objetivos "emotizando" (MACHADO, 1992).

Quando as emoções são mobilizadas, o resultado é efetivo. Tal informação pode ser ratificada pela neurociência – "As emoções podem facilitar a aprendizagem" (COSENZA, GUERRA, 2011, p.85).

Anthony Robbins também ratifica a questão do ensaio cognitivo aliada à emoção.

> Com intensidade emocional e repetições suficientes, o sistema nervoso experimenta algo como real, mesmo que ainda não tenha ocorrido (ROBBINS, 2012, p. 96).

Com intensidade e repetição. torna-se equivalente a um passo para concretização dos seus objetivos.

Desafio: faça sua "emotização" por 90 dias, tome ações em prol dos seus objetivos e você terá resultados surpreendentes.

Tudo que a mente pode conceber e acreditar, a mente pode realizar.
(Napoleon Hill)

IMPORTANTE

Os resultados começam no seu pensamento e são determinados por sua ação. Lembre-se que você pode potencializar a realização dos seus objetivos vigiando seus pensamentos. Focalize o que deseja, faça "emotizações" e entre em ação. Isso consequentemente o levará a alcançar a Alta Performance.

Como seria compreender as facetas ocultas do seu comportamento, o que verdadeiramente te limita e o que potencializa? Descubra as engrenagens ocultas que estabelecem se você pode, merece e tem capacidade para alcançar seus objetivos. Mais que isso, permita-se identificar suas crenças individuais. Veja, ouça, sinta e aprenda tudo isso e muito, muito mais no próximo capítulo.

3.5 Questões de Coaching para Alta Performance

- O que especificamente quero? (Descreva com detalhes). Quanto e como vou mensurar os resultados? Como vou quantificar? Qual será a evidência?
- Quais serão os recursos a serem mobilizados? (Emocionais e físicos)
- Como vou alcançar o meu objetivo? Qual estratégia será adotada?
- Esse objetivo é relevante para mim? Por que quero alcançar esse objetivo? O que significa esse objetivo? Quais são seus ganhos, benefícios, em conquistá-los?
- Em quanto tempo será alcançado o objetivo? Determinar prazos de início e término das atividades para se alcançar a meta.
- O objetivo está expresso em linguagem positiva? Como colocaria em formato positivo?
- Seu objetivo está descrito claramente? É facilmente entendido? É passível de explicar com facilidade?
- Qual o ganho em realizá-lo? (Verificação da relevância)
- O objetivo vai afetar outras pessoas? Afeta seus valores? É ético, correto é do "bem"?
- As armadilhas e/ou Venenos da mente estão interferindo em seus comportamentos?
- O que podemos fazer para vencer as armadilhas da mente?
- Seus pensamentos estão atrelados a emoções positivas ou negativas?
- Qual comportamento você pode mudar hoje para um resultado futuro diferente e alinhado com seus objetivos?
- Você tem trilhado o seu próprio caminho ou tem replicado os comportamentos dos seus pais? Esses comportamentos herdados o limitam ou impulsionam?
- Como pode utilizar o ensaio Cognitivo para alcance de seus objetivos?
- O que aprendemos com este capítulo?
- Quais serão suas ações frente ao capítulo?
- Imagine como seria aceitar o desafio da "emotização", agindo e conquistando os seus objetivos.
- Desafie-se a fazer algo novo para ter novos resultados.
- Para resultados diferentes, faça algo verdadeiramente diferente.

Você sabia que seu cérebro é incapaz de diferenciar o real do imaginário? Você pode treinar o seu cérebro para alcançar seus objetivos. Acredite, treine e conquistará.

Acelere o seu sucesso pessoal e profissional

Parabéns! Você alcançou a metade deste livro e quero te brindar com essas poderosas sementes de sabedoria:

SEMENTES DE SABEDORIA

Cada palavra é uma semente. Cada semente lançada no solo fértil da mente pode germinar e trazer vida, renovação, árvores, frutos e flores.

Cada pergunta realizada é uma semente plantada no coração, irrigada pela mente e nutrida pela alma.

Todo ser humano é essencialmente terra e céu. Nossos pensamentos são como a água, que flui e toma forma conforme o recipiente.

Temos os pés firmes na terra que nos mantém em pé.

Temos a cabeça no ar, no sentido de estarmos próximos do céu onde respiramos ar puro, a oxigenar o nosso corpo e nutrir a nossa vitalidade.

Temos também o fogo a arder em nosso peito e às nossas emoções que podem servir para aquecer nossa existência e iluminar o nosso dia ou queimar a nossa vida e de outras pessoas, de acordo com nosso controle.

Temos água com liquidez a escorrer por sobre as mãos e a tornar o ar mais fresco e a terra mais fértil, tanto quanto abranda o fogo.

Água é o nosso livre arbítrio, a capacidade dada por Deus para que possamos gerenciar nossa existência.

Imagine que somos essencialmente terra, fogo, ar e água. Temos tudo para construir e produzir um mundo melhor que começa hoje, que começa comigo, começa com você e que pode transformar muitos dentre nós.

Como seria se você mobilizasse os quatros elementos e lançasse palavras e principalmente perguntas a partir da reflexão que os tome em consideração?

Lembre-se que toda planta precisa da luz do sol, que é o fogo, assim como da nutrição da água e do ar para viver. Diga-me como você vai viver com tantos recursos empoderadores?

Parabéns!

4

CRENÇAS LIMITANTES E POTENCIALIZADORAS

> Aquele que conhece o outro é sábio.
> Aquele que conhece a si mesmo é iluminado
> (Lao Tsé)

Objetivos:

- Despertar a motivação em prol do objetivo;
- Reavaliar crenças limitantes;
- Desenvolver crenças potencializadoras.

4.1 Motivação para Realização dos Sonhos

Agora que você já se deliciou com algumas das minhas histórias e alguns casos reais, provavelmente você já tenha colocado no papel, ou até neste livro, os seus objetivos. Agora entraremos em um tema que vai real e verdadeiramente fazer uma grande diferença em sua vida, como fez na minha e em milhares de outras pessoas.

Nosso objetivo é muitas vezes a tradução de um sonho. Gosto de pensar que podemos ter a mente nas nuvens e os pés no chão na hora de definir nossos objetivos.

De acordo com Augusto Cury (2004, p. 10), "os sonhos nos inspiram a criar, nos animam a superar, nos encorajam para conquistar".

Acelere o seu sucesso pessoal e profissional

Conforme destacado pelo autor, o sonho é um combustível que nos impulsiona para novas conquistas, alimenta o pensamento, fortalece o coração e nutre a alma rumo à nossa jornada de superação e desenvolvimento. O autor ainda sinaliza que:

> Uma mente saudável deveria ser uma usina de sonhos. Pois os sonhos oxigenam a inteligência e irrigam a vida de prazer e sentido. (CURY, 2004, p.12).

Talvez você conheça algumas pessoas que tenham uma concepção bem sólida de seus sonhos ou de seus objetivos, porém não os alcançam. Talvez, um amigo, parente ou você mesmo. É verdade, somente o foco e a clareza podem não ser suficientes para que você construa um edifício de realizações. Por que isso acontece?

Provavelmente você se lembre da história dos três porquinhos. Cada um construiu uma casa, porém cada um com um material diferente: casa de palha, de madeira e de alvenaria. Correto? Porém, ao final só ficou a de alvenaria. Talvez você esteja pensando no material usado. Realmente, a composição utilizada é muito importante, porém, tão relevante quanto o bloco e o cimento utilizados no seu sonho, objetivo ou casa é o material utilizado e a fundação que dá firmeza a qualquer um dos três. A meta pode ser sólida, porém só será erguida e ficará em pé se o material utilizado for adequado e construído sobre um forte fundamento.

Pare nesse momento e responda as seguintes perguntas: Por que os seus objetivos ainda não foram alcançados? Como e onde estão alicerçados os seus objetivos? Qual material tem utilizado?

Pontue de zero a dez cada item abaixo:

a) Você acredita nesse objetivo?
b) É desejável e vale a pena?
c) É apropriado e vai estar alinhado com os meus valores?
d) Você tem capacidade de alcançá-lo?
e) Qual o seu nível de responsabilidade para atingir essa meta?
f) Acredita que a merece?

Olhe para as respostas. Qual é a média dos resultados alcançados? Será que são suficientes?

4.2 Neurossemântica e o Coaching

O Dr. Michael Hall desenvolve um interessante estudo acerca da neurossemântica, termo criado pelo autor, que em síntese atrela aspectos neurológicos a semânticos. Assim ele destaca:

> Liberamos nossos potenciais, integrando significado e performance, através de sintetizar neurologia e semântica (HALL. 2012 p. 100).

O autor desenvolve uma atraente relação entre a semântica e a neurologia por meio da neurossemântica, que por sua vez tem como base:

> Este é o coração e a alma da Neurossemântica, o de liberar potenciais, qual seja - incorporar a melhor das molduras de seu Jogo Interno, de modo que você literalmente incorpore suas molduras como habilidades e competências em seu Jogo Externo (HALL, 2012, p.101).

Diante do exposto, centra-se em liberar o potencial de dentro para fora, a saber, equacionando nossas representações internas que podem resultar em um melhor comportamento externo.

Para Timothy Gallwey, que escreveu o "Jogo Interior de Tênis", um clássico do *Coaching*, tido como o precursor do *Coaching*, destaca a luta invisível existente entre o EGO 1 e o EGO 2, ou seja, o "eu realizador" e o "eu crítico", enaltecendo a premissa básica do *Coaching*: evitar **julgamentos.**

> A primeira habilidade a aprender é a arte de deixar de lado a tendência humana de fazer julgamentos tanto de si mesmo como do próprio desempenho, classificando-o como bom ou mau (GALLWEY,1996, p.33).

Suspender os julgamentos é um exercício poderoso para ampliarmos nossas capacidades.

O que vem ao encontro da questão de significados da neurossemântica, na qual Dr. Hall enaltece o valor do significado para mobilizarmos nossa energia cognitiva e emocional. Nesse sentido, pergunto: como seria responder "o porquê" de seu objetivo ser relevante? Responda cinco vezes e/ou investigue seu significado com profundidade. Lembre-se que esse processo tem como objetivo ativar todo o seu potencial. Portanto, permita-se.

Uma das estratégias proposta por Michael Hall (2012) é o empilhamento de porquês.

Ao realizar cinco porquês, nós aprofundamos o pensamento sobre o valor e a semântica a respeito do que o *Coachee* tem em mente. Essa técnica elucida para o *Coach*, e principalmente para o *Coachee*, o significado do objetivo e permite que o cliente mergulhe no seu "eu/*self*" em busca das respostas.

O uso do porquê no processo de *Coaching* pode ser contestado por alguns teóricos, pois tende a ir para uma dimensão mais racional e pode desencadear um ciclo vicioso de "desculpas" por parte do *Coachee*. Porém, quando utilizado com sabedoria, pode elucidar os significados dos sonhos e dos objetivos.

Dr. Hall destaca a relevância do significado:

> O que chama sua atenção e ativa seus poderes mentais e emocionais é algo que você considera importante. Quanto mais importante, mais significativo e mais ativador (HALL, 2012, p. 53).

Outra abordagem, talvez mais sutil, seja a utilização da técnica "E o que Mais?" (MARQUES, 2011). A simples e poderosa técnica busca aprofundar as respostas dos *Coaches*, que com frequência ofertam uma resposta lógica e superficial, a utilização do "e o que mais?" permite o repensar sobre o tema e a busca de um significado maior para o que se aproxima do trabalho desenvolvido pelo Dr. Hall.

Como seria se você retomasse as perguntas já respondidas desse livro e respondesse novamente, acrescentando duas ou três vezes a pergunta "e o que mais?".

É relevante sinalizar que é a nossa capacidade de experimentar e de construir significados o que gera o poder interno a nos possibilitar dar sentido às coisas, logo podemos criar significados fortalecedores ou significados desfavorecedores. Consequentemente irá afetar o nosso sistema mente-corpo, que produzirá significado à medida que processa informações de diversas maneiras e em múltiplos níveis (HALL, 2012). As perguntas promovem novas experiências e podem realinhar significados.

Em sala de aula, algumas turmas se habituam a uma aula repleta de questionamentos. Já recebi até o rótulo de Professor, "e o que mais...", tal postura está atrelada ao estimular os alunos a ofertarem mais, a refletirem com maior profundidade sobre os temas discutidos.

4.3 Em que Você Acredita?

Um dos grandes segredos para o sucesso, sem sombra de dúvida, é o quanto efetivamente você acredita nele. Henry Ford disse certa vez que "se você pensa que pode ou se pensa que não pode, de qualquer forma, você está certo". Tal referência ratifica que nossos comportamentos estão baseados nos níveis mais profundos da mente, ou seja, em níveis inconscientes, em nossas crenças, sendo aquilo que efetivamente acreditamos o que molda nossos comportamentos.

As crenças são generalizações relacionadas: causa, significado e limites por sua vez estão atrelados ao contexto a que estejam inseridos, também a comportamentos e à nossa própria identidade (DILTS, 1999).

Agora você pode descobrir mais sobre como vencer suas crenças limitantes e construir crenças potencializadoras. Compreenda, enfim, que as crenças são como profecias autorrealizáveis.

De acordo com os autores, Catalão e Penin (2010), as crenças mais comuns são:

- **Incapacidade** – Mesmo acreditando que seu objetivo é factível, desacredita ser capaz de realizá-lo. Seria como a sensação que diz: "é possível para os outros atingir o objetivo, mas impossível para mim. Eu não sou bom o bastante ou capaz o bastante para atingi-lo."
- **Desesperança** – Aqui o indivíduo ao menos acredita que seu objetivo desejado é possível de ser realizado. É caracterizado pela seguinte sensação: "não importa o que eu faça, não vai fazer a menor diferença. O que eu quero não é possível de se obter. Está fora do meu controle. Sou uma vítima".

Uma das técnicas do *Coaching* de Catalão e Penin (2010) é o PAW (*Possibility, Ability, Worthiness*), e que nesse contexto significa "garra". Crença pode determinar ou condicionar a maneira de pensar e agir. Para alcançar o seu objetivo é preciso acreditar em três elementos:

Possibilidade – é possível alcançar o seu objetivo;
Capacidade – é capaz de alcançar o seu objetivo;
Merecimento – merece alcançar o seu objetivo.

Diante do exposto, podemos estruturar de forma piramidal as três crenças mais comuns, conforme demonstrado na figura 6:

Figura 6 – Crenças desenvolvidas pelo autor.

A Figura 6 demonstra os três tipos mais comuns de crenças que impedem as pessoas de realizarem seus objetivos. Se você desacreditar que é possível, vai se autossabotar e dificilmente empregará 100% da sua energia e dedicação, pois acredita no fundo ser surreal. O mesmo acontece no tocante à capacidade. Conheço pessoas que deixam de ir a uma prova de vestibular ou concurso porque no fundo, no fundo, não acreditam que são capazes de irem bem na prova. Amargam o sabor do insucesso por não acreditarem em sua capacidade.

A crença de merecimento surge muitas vezes em relacionamentos, onde a pessoa se julga merecedora do cônjuge e consequentemente pode buscar de forma incessante meios para dissolver o relacionamento, tendo em vista que no fundo não acredita que merece o relacionamento.

Esses três tipos de crenças podem ser como uma âncora de um barco ou de um navio, que muitas vezes é invisível para um olho desatento, mas, se estiver lançada ao mar, pode tornar a embarcação imóvel ou extremamente lenta. A crença é como âncora que está mergulhada profundamente num rio ou no mar. No caso do Ser humano, fica em nosso inconsciente, impedindo que você viaje para novos portos, novas realizações e conquistas.

Mesmo que você tenha amarrado três âncoras em seus pés e que se sinta imobilizado, é possível tomar consciência e simplesmente recolher a âncora para que possa navegar num mar de intensas e extensas realizações.

Lembre-se que muitas das nossas crenças são "instaladas" na tenra idade. Para o **nascimento de uma crença, basta o indivíduo passar por uma situação com grande impacto emocional**, como exemplo, um pai que grita com um filho destacando que ele não faz nada direito. Dependendo do contexto da relação entre o pai e o filho e principalmente o significado que o filho atribui para situação, já pode ser o combustível suficiente para instalar uma crença limitante onde filho pode tomar aquela experiência como verdade e assim generalizá-la e aplicá-la por toda a vida.

Um exemplo simples é quando uma pessoa de grande respeito e admiração para uma criança grita: "Tira mão do dinheiro, ele é sujo". Mais uma vez, dependendo da carga emocional e significado que a criança assumir, ele pode virar um adulto que inconscientemente acredita dinheiro é sujo e buscar de alguma maneira se afastar do mesmo, consequentemente pode ter desafios com as finanças.

Como o processo de *Coaching* tem por base a utilização de perguntas, dessa maneira pode-se desafiar e vencer as crenças limitantes com as perguntas poderosas de Robbins (2012, p. 124):

- Até que ponto essa crença é ridícula ou absurda?
- A pessoa com a qual aprendi esta crença podia ser tomada como modelo nessa área?
- Em última análise, quanto me custará, em termos emocionais, se eu não me livrar dessa crença?
- Quanto me custará, em relação a relacionamentos, se eu não me livrar dessa crença?
- Quanto me custará, em termos físicos, se eu não me livrar dessa crença?
- Quanto me custará, em termos financeiros, se eu não me livrar dessa crença?
- Quanto me custará, em relação à família e a pessoas amadas, se eu não me livrar dessa crença?

Estratégia poderosa para mudança de comportamentos

Anthony Robbins, *Coach* de destaque mencionado aqui anteriormente, sinaliza que as pessoas se movimentam pela dor ou pelo prazer. Isto é, **nossos comportamentos estão pautados em fugir da dor ou buscar o prazer**. Logo, podemos estrategicamente utilizar desse referencial para aumentar a nossa performance. Como exemplo, pode-se associar a dor ao comportamento que desejamos descontinuar e associar prazer a comportamentos virtuosos.

Com base em Robbins (2012), afirmamos:

- **Certifique-se de que a dor está plenamente associada ao antigo padrão.**
- Quando você pensa em seu antigo comportamento ou sentimento, imagina e sente coisas que agora são dolorosas em vez de agradáveis?
- **Certifique-se de que o prazer está plenamente associado ao novo padrão.**
- Quando você pensa em seu novo comportamento ou sentimento, imagina e sente coisas que agora são agradáveis em vez de dolorosas?
- **Alinhe-se com seus valores, convicções e regras.**
- O novo comportamento ou sentimento é coerente com os valores, com as convicções e com as regras em sua vida?
- **Certifique-se de que os benefícios do antigo padrão foram mantidos.**
- O novo comportamento ou sentimento ainda vai lhe permitir obter os benefícios e sensações de prazer que o antigo padrão costumava lhe proporcionar?
- **Sondagem futura – imagine-se assumir esse novo comportamento no futuro.**
- Pense no cenário com os detalhes de como seria o seu futuro, se você adotasse o antigo padrão, e como seria com o novo padrão. Adquira a certeza de que pode usar o novo padrão, em vez do antigo.

UMA PODEROSA ESTRATÉGIA PARA MUDAR SEUS COMPORTAMENTOS É ASSOCIAR "DOR" AO COMPORTAMENTO NEGATIVO E "PRAZER" AO NOVO COMPORTAMENTO.

Em outra abordagem temos DILTS (1993):

- **Crenças sobre causas**

Uma pessoa pode dizer: "Sou mal humorada porque sou de origem irlandesa" ou "todos na minha família sofrem de úlcera".

A palavra "porque" (implícita ou explicita) geralmente indica crença sobre a causa.

Crenças sobre a causa passam pelos filtros de nossa vivência. Se acreditarmos que "x" é a causa de alguma coisa, nosso comportamento vai ser direcionado para fazer com que "x" aconteça ou impedir que aconteça, no caso de consequências negativas.

- **Crenças sobre significado**

O que significa não poder parar de fumar? Significa que a pessoa é fraca? Significa que ela é um fracasso? Significa que ainda não integrou dois lados de sua personalidade? As crenças sobre o significado causarão comportamentos congruentes com a crença.

- **Crenças sobre identidade**

Crenças sobre identidade podem nos impedir de mudar, sobretudo porque nem sempre estamos conscientes delas.

O efeito da crença sobre a identidade pode ser considerável. Ao modificar as crenças sobre identidade, a pessoa muda, de alguma maneira, e por isso muitas delas impedem a mudança, pois "deixariam de ser elas mesmas".

Nossos sonhos são como sementes que precisam de uma terra bem preparada, ou seja, crenças potencializadoras, porém, para que nosso objetivo cresça de forma forte e saudável, é fundamental aguar a semente. Isto é, realizar um trabalho contínuo e dedicado no sentido de fazer todos os dias.

Grandes jornadas começam com um único passo, porém são realmente definidas passo a passo, isto é, sua capacidade de continuidade, de disciplina rumo ao seu objetivo. Logo, é preciso ser perseverante e caminhar todos os dias, fazer pequenas ações em prol do seu objetivo continuamente.

Reconfigurando Crenças - A Viagem Para os Estados Unidos

Antes de conhecer a Florida Christian University - FCU, tinha uma crença limitante – "Eu tinha que vencer no meu país". – Pensava equivocadamente que é mais fácil vencer nos EUA do que alcançar o sucesso no Brasil.

Essa crença foi exterminada quando o digníssimo reitor Anthony Portigliatti, Ph.D., me convidou para lecionar na prestigiada FCU, no qual me orgulho muito, mais precisamente quando vivenciei os dias em Miami e Orlando, na Flórida, em especial conduzindo as aulas. Naquele momento dissolvia o teto da antiga estrutura mental, pois comecei a ver o mundo não como o Brasil e o mundo, mas como eu no mundo.

Da crença de pensar de forma regionalizada para pensar global, saí de palavras soltas em um discurso vazio para uma realidade concreta e potencializadora. Outra crença que foi desintegrada foi a que tenho que ter o meu inglês fluente para depois poder ir ao EUA. É isso que muitas escolas de inglês vendem de forma tão incisiva, que faz com que muitos acreditem. Essa crença me limitava ou potencializava? Se eu mantivesse a crença, não teria ido para EUA, internacionalizado minha carreira e reinventado a minha história de vida. Evidentemente que ter o domínio do inglês abre inúmeras possibilidades e recomendo o desenvolvimento dessa habilidade, porém jamais deixe alguém dizer que você não pode realizar seus objetivos. Hoje penso, planejo e atuo de forma global.

> Recomendo a leitura do livro "Embarque já! O Mundo te Espera: 11 Segredos de uma mente Global para potencializar sua vida pessoal e profissional", que já é um best-seller pela Amazon na área de inteligência cultural e um poderoso manual que contribui para vencer crenças e planejar a internacionalização.

Acreditar sem ver, essa é a tradução da palavra Fé. Recordo-me quando iniciei o meu primeiro curso superior, na época tinha somente o valor da matrícula. Eu já estava trabalhando, mas o meu salário era insuficiente para pagar a faculdade. Infelizmente minha mãe não tinha condições de arcar com o curso. Eu poderia escolher esperar ou desacreditar na possibilidade, na minha capacidade de pagamento ou no meu merecimento. Mas tive um grande exemplo em casa. Minha mãe, após a separação, se esforçou muito para fazer uma faculdade também por conta própria e, com a ajuda de alguns parentes, sua história de vida me inspirou em acreditar sem ver.

O curso começou e eu juntava o dinheiro o semestre todo. Ao final de todos os semestres estava eu sentado no setor de negociações, negociando a matrícula e o saldo devedor. Foi muito desafiador, mesmo assim, ao final de um dos anos, não teria o recurso suficiente para renegociar. Mais uma vez a família surgiu como apoio fundamental. Meu irmão Rodolfo me ofereceu a possibilidade que ele tinha de dar aula de informática. Então forcei as minhas férias do emprego da época, que era uma corretora de seguro, e comecei a lecionar para diversas turmas para conquistar um extra. Momento de grande aprendizagem que contribuiu com o despertar do amor à docência.

É comum olharmos para história de outros e pensar como tiveram sorte ou condições financeiras, etc. **A grande questão é o que você faz com as condições da vida?** Eu agradeço o exemplo de mãe e o apoio do meu irmão que foram fatores essenciais para construção da minha história. E você, quem pode de ajudar em sua jornada? Você vai listar desculpas para deixar de fazer ou vai acreditar verdadeiramente que pode?

Acreditar no seu potencial e no seu objetivo é papel fundamental do *Coach*. E nesse sentido surgem as seguintes questões:

- Seus sonhos estão sendo alicerçados por crenças potencializadoras ou estão acorrentados em crenças limitantes?
- Alcançar os seus objetivos está diretamente ligado às suas crenças. Quanto você verdadeiramente acredita na realização e merecimento do seu objetivo? Você se sente capaz de realizar esse objetivo?

> A única coisa real que o impede de alcançar seus sonhos é você.
> (Kent Healy e Jack Canfield)

4.4 O que acorrenta os seus sonhos?

Certa vez, eu levei um amigo ao circo para ajudá-lo a vencer uma crença limitante. Ao chegar lá, o mesmo voltou a ser criança, se divertiu com os palhaços e com os diversos e animados shows circenses disponíveis. Porém, o que mais chamou sua atenção foi a performance do elefante, animal grande e poderoso que fora totalmente adestrado e seguia rigorosamente as orientações do domador. O que o deixou intrigado foi como um animal tão forte e grande poderia estar preso a uma pequena estaca no chão e me questionou como pode o elefante ficar preso a essa frágil corda e a essa diminuta estaca.

Eu expliquei que, quando esse elefante era pequenino, ele foi amarrado à estaca e por inúmeras vezes ele tentou se libertar sem sucesso. A cada tentativa o animal machucava a sua pata. Como fez isso repetidas vezes, condicionou o seu cérebro a não mais enfrentar a estaca dessa maneira. O domador levou o elefante a acreditar que ao ser amarrado na estaca ficaria impedido de se libertar. Essa crença limitante vigora até hoje na mente desse animal, que pode facilmente, agora, vencer a estaca e se libertar.

Meu amigo compreendeu nesse momento que os insucessos do passado não eram motivos para ele deixar de caminhar. Naquele momento ele decidiu romper as bolas de aço que o aprisionavam na inércia. Desconstruiu sua crença e começou a alçar voo para infinitas realizações. Compreendeu seu crescimento, sua força atual e sua capacidade de conquistar seus objetivos.

O que te aprisiona? Qual a relação dessa história com a sua vida? Como seria se você quebrasse agora toda e qualquer corrente inconsciente que te limitava e nesse momento você pudesse ser livre, correr para alcançar todos os sonhos, voar alto e conquistar o melhor de você?

Você tem a capacidade de escolher em que você irá acreditar e essa escolha pode ser decisiva para alcançar seus resultados. Elimine as crenças limitantes e construa crenças potencializadoras.

Você quer verdadeiramente construir um novo "Eu"? Como seria ter a possibilidade de reconstruir sua identidade E definir com clareza sua missão nesse planeta? Descreva quem você quer se tornar e escreva as leis que nortearam as suas decisões e os seus resultados.

Descubra tudo isso e muito, muito mais no próximo capítulo. E "lembre-se de sempre se lembrar e continuar se lembrando" que, verdadeiramente ao responder a cada questão deste livro e colocar em prática os ensinamentos aqui descritos, você poderá conquistar resultados EXTRAORDINÁRIOS. Eu acredito. E você?

IMPORTANTE – EM VEZ DE PENSAR SIMPLESMENTE EM ELIMINAR UMA CRENÇA LIMITANTE, RECONFIGURE, SUBSTITUA A CRENÇA DE LIMITANTE PARA UMA FORTALECEDORA.

verdadeiramente que este livro pode mudar a história de sua vida, assim será. Se não acreditar, também estará certo, pois no fim você é quem decide os resultados da sua vida. Qual será a sua escolha?

4.5 Questões de Coaching para alta performance

- O que aprendemos com o capítulo?
- Suas crenças são potencializadoras?
- Qual o seu maior sonho? Existe alguma crença que limita a realização do mesmo?
- Seus comportamentos são motivados para busca do Prazer ou para fugir da Dor?
- Quais crenças você herdou do seu pai?
- Quais crenças você herdou da sua mãe?
- Quais crenças você herdou do seu amigo/líderes, etc.?
- Qual evidência que você tem que essa crença é real?
- Como seria sua vida com essa crença? E sem essa crença?
- Como seria voltar ao capítulo e responder cada questão no papel, de forma investigativa e verdadeira?
- Como você pode aplicar esses conhecimentos em sua vida?
- Qual crença fortalecedora você pode construir hoje para sua vida?

5

IDENTIDADE DE SUCESSO

> "Nunca tivemos tantas opções para decidir nosso destino. Nenhuma escolha será boa, porém, se não soubermos quem somos".
> (Peter Drucker)

Objetivos:

- Promover uma reflexão sobre sua identidade.
- Estabelecer sua missão e visão pessoal;
- Identificar os valores que norteiam a sua vida.

5.1 Identidade

Recordo-me que, quando realmente mergulhei no *Coaching*, estava em uma fase da vida na qual eu queria algo novo, que estivesse alinhado com o meu verdadeiro "**Eu**". No processo de *Coaching* pude verdadeiramente me conectar comigo mesmo. Mais do que pesquisar sobre o tema, vivenciei o processo.

Compreendi que o *Coaching* permite trabalhar a forma de pensar e caracterizar os principais comportamentos do cotidiano, desenvolver novas capacidades e habilidades, reavaliar, eliminar crenças limitantes e construir crenças fortalecedoras.

Acelere o seu sucesso pessoal e profissional

Se você se permitir verdadeiramente, poderá criar uma nova identidade, definindo os valores que irão o alicerçar na vida pessoal e profissional e, talvez, até pensar em fazer parte de um poderoso e nobre movimento que ganha cada vez mais espaço no mundo: o movimento do *Coaching*.

Qual sua Identidade? Qual será o seu legado para o planeta? Com quem e como se conecta com sua espiritualidade?

Recordo-me que ao fazer minha primeira formação em *Coaching* entrei como um professor universitário e saí como um *Coach*. Vale dizer, com uma nova identidade. Agora, convido você a imaginar sua vida. Por quantos desafios você já passou? Situações complexas sempre presentes e, possivelmente, você, como eu, busca um caminho para se destacar, para brilhar e alcançar os seus sonhos, os seus objetivos, entre outros desejos. Este livro pode e deve ser lido e interpretado como um chamado para você.

O meu chamado foi o *Coaching*, que atende hoje ao meu propósito de vida. Lembro-me com clareza quando li na revista Exame sobre a pesquisa realizada pela IFC (Federação Internacional do Coaching), onde mostra que existem aproximadamente 40 *Coaches* para cada milhão de habitantes na América do Norte e na Europa. No Brasil, o número está em 4 por milhão, ou seja, dez vezes menor.

A pesquisa acrescenta ainda que a média mundial seja 7 *Coaches* para um milhão de habitantes, o que deixa muito além da realidade nacional e me fez imaginar como seria eu sendo um COACH.

> **Imagine como seria você sendo um Coach?**
> **Resgatando o herói que existe em você!**

Realizar sonhos, desenvolver técnicas para refinar os seus objetivos e que possibilitam acessar ferramentas que facilitariam a tomada de decisão e, consequentemente, os resultados positivos para a sua vida. Para as pessoas que se permitirem, este livro poderá possibilitar a conexão com algo ainda muito maior no último capítulo.

Coaching é a possibilidade de repensar a vida sob diversas dimensões. Talvez uma das dimensões mais poderosas do *Coaching*, na minha concepção, encontra-se no nível de identidade ao definir um propósito para vida.

O autor Rick Warren (2005) destaca a relevância de se estabelecer um propósito:

> - **Conhecer o propósito de sua vida faz que ela tenha sentido;**
> - **Conhecer seu propósito simplifica, direciona e estimula a vida.**

De acordo com o autor, a descoberta da missão da vida torna-a mais simples e estimulante, direcionando-a e dando plenitude ao sentido da vida.

O Prof. Deepak Chopra defende que "sempre foi verdade que o propósito real da vida devia ser descoberto por meio da busca pessoal" (CHOPRA, 2012, p. 60). O autor evidencia que o nosso propósito está centrado em uma viagem interna, isto é, por meio do autoconhecimento, uma busca da pessoa, e acrescenta: "Propósito – Achar uma razão para estar aqui" (2012, p. 58). Conforme o autor, o foco é responder a razão do nosso viver.

> **Quem eu sou?**

Diante de minha jornada de vida e pelas escolhas que fiz por meio do *Coaching*, defini meu propósito de vida; o que eu era e o que eu queria me tornar, bem como os princípios que norteariam minha vida dali em diante.

Para definir sua missão, é necessário fazer uma viagem para dentro do seu "eu" e existem vários caminhos para chegar a Roma, assim como existem diversas opções para você descobrir o seu propósito neste planeta.

A lei do darma traduz a essência que toma de empréstimo da palavra que em sânscrito significa "propósito da vida". Destaca, sobretudo, que **estamos aqui para encontrar o nosso verdadeiro "Eu"** (CHOPRA, 2011a, p. 107).

5.2 Descobrindo sua Missão de Vida – O seu "Eu"

Lembre-se, não existe certo ou errado neste exercício. O seu jeito, a sua resposta é a resposta certa. E mais que isso, respire fundo, oxigene o seu cérebro e se permita encontrar os caminhos para o seu mais profundo "eu". Pense por alguns instantes e coloque no papel:

- Descreva, quais são as sete coisas que você mais ama fazer?
- Descreva, quais são as sete maiores virtudes/habilidades que você tem na vida?
- Descreva, quais as sete habilidades que as pessoas percebem e admiram no que você faz?
- O que faz seu coração pulsar mais forte?
- O que te deixa realmente feliz?
- Se você pudesse ser, ter e fazer qualquer coisa, na certeza de um resultado positivo, o que seria, teria e faria?
- Quem você admira e que te inspira?
- Como você se vê e se percebe?
- Como você pode contribuir com o mundo?
- Qual a sua filosofia de vida?
- O que você fez, faz ou faria que o levaria a se sentir invencível?
- Como os outros te percebem?
- Quem é você na essência?
- Qual contribuição você pode deixar para o planeta? Qual ideologia de vida você defende?
- Qual é o seu trabalho e como ele contribui com a sociedade?
- Quais são as pessoas mais importantes na sua vida?
- Onde e como você emprega o seu tempo? E o seu dinheiro?
- Qual o seu propósito de vida?

Uma vez respondidas essas perguntas, você pode sintetizar em uma frase: qual é o seu propósito de vida, ou seja, qual a sua missão?

> **Descreva sua missão de vida:**
>
> _____
> _____
> _____
> _____
> _____
> _____
> _____
> _____
> _____
> _____

Responder a essas questões desencadeará uma série de pensamentos e reflexões que irão potencializar sua resposta diante do tema – missão de vida – que está atrelada à sua identidade. Sua missão é como um farol que norteia um navio, serve de referência e é para ser vivida todos os dias. Quem sou eu?

> - **Eu defini minha missão como:**
>
> **Missão de Douglas De Matteu:**
> "Evoluir constantemente como ser humano. Contribuir para transformação e desenvolvimento da vida das pessoas, das organizações, por meio do conhecimento e do amor".

Ao acordar, penso: como posso evoluir? Como posso contribuir com as pessoas?

E todos os dias dou passos por essa missão que traduz parte do meu propósito neste mundo.

Por exemplo, ao atuar como professor universitário, vivo essa missão como *Master Coach Trainer*, treinador de *Coaches*, empreendedor, escritor. Vivo essa missão, que pode ser aplicada aos meus relacionamentos.

5.3 Visão

Tão importante quanto definir sua missão de vida, e o que se propõe a fazer diariamente, é definir quem você quer se tornar. Para onde você está se movendo?

Podemos instalar uma reflexão sobre o tema tendo como base a lição que diz que "uma visão é maior do que um propósito. Abarcar uma visão de mundo implica em ação" (CHOPRA, 2012, p.61). Para o autor, a visão tem amplitude maior que o propósito. "Visão – adotar uma visão de mundo para viver de acordo com ela". Dessa maneira, fica evidenciado que a visão contribui com a forma de olharmos e interagirmos com o mundo.

Lembre-se que para alcançar qualquer objetivo é necessário ter a clareza desse objetivo. Para conquistarmos realmente um espaço de destaque, torna-se fundamental a definição de uma visão do nosso futuro, o que desejamos com profundidade, isto é, definir nossa visão de mundo alinhando nossas percepções, sensações, emoções, habilidades e a nossa intuição.

PERGUNTAS PODEROSAS

- Se você não tivesse limites, onde gostaria de chegar?
- Se você ganhasse sete milhões de dólares, o que faria? Teria o quê? Que tipo de pessoa seria?
- Qual a relação do seu trabalho atual com seus sonhos e objetivos?
- Se você pudesse ser outra pessoa, quem você seria?
- Quais as oportunidades que você vê, ouve ou sente e que podem ser incorporadas em seu futuro?
- Quais são os seus sete maiores sonhos?
- Como você se imagina daqui a sete anos?
- Como você se imagina daqui a quatorze anos?
- Como você quer ser reconhecido?
- Se pudesse deixar para a sociedade um único livro, qual seria?
- Como você pode fazer a diferença positiva na vida das pessoas?
- Hipoteticamente, se você pudesse estar no seu próprio funeral, o que gostaria ver e ouvir sobre você das pessoas que estivessem na cerimônia?
- Qual será o seu legado para a humanidade?
- Se você fechar os olhos e imaginar o seu futuro no melhor cenário possível, como ele seria?

- **Qual identidade você quer ter?**
- **Descreva agora sua visão:**

_____
_____
_____
_____
_____
_____

As questões listadas promovem uma reflexão multidimensional, ou seja, permitem acessarmos nosso eu por meio de diversos caminhos. Quando definimos com clareza nossa identidade atual e a futura, começamos a construir nossa história como protagonistas e deixamos de ser meros espectadores. Assumimos o leme do barco, começamos a conduzir nossos comportamentos, sentimentos e ações rumo ao futuro que merecemos e podemos conquistar.

Tudo começa com os questionamentos, que se configuram em palavras. Essas respostas pensadas geram mentalmente imagens, sons e até sentimentos que poderão nos guiar para realizações fantásticas.

Minha Visão

> "Ser reconhecido como Professor, Master Coach Trainer, escritor e empresário de sucesso, que contribui de modo singular com a vida das pessoas e com o bem-estar global."

Ao escrever minha primeira missão em janeiro de 2011, tinha acabado de me formar em *Coaching* e estipulei como objetivos em nível de identidade estabelecer e me tornar *Master Coach Trainer*, escritor e empresário de sucesso.

No mesmo ano fiz minha formação *Master Coaching*, posteriormente busquei em uma segunda formação o nível de *Master Coaching* Sistêmico Integrativo, com duas referências mundiais da

Alemanha – Bernd Isert e Sabine Klenke – com diversas chancelas internacionais. E finalizei o mestrado na arte do *Coaching* nos EUA, o que reitera e resguarda a primeira meta.

A segunda era me tornar escritor. Pois bem, no final daquele ano participei de quatro livros como coautor. E atualmente são mais de 21 participações efetivas até 2016.

Dentre as obras, participei na organização do livro "Treinamentos Comportamentais", com o Prof.º Massaru Ogata e o amigo Maurício Sita, presidente da Literare Books, que conta com grandes treinadores do Brasil e participação especial do amigo e Prof. Dr. Benny Rodriguez da FCU, entre outros.

Também participei da organização da obra *"Master Coaches: Mestres do Coaches Técnicas e Relatos de Mestres do Coaching"*, ao lado de André Percia e José Roberto Marques, nomes expressivos do desenvolvimento humano. Além do livro *"Marketing de Relacionamento"*, que também coordenei.

O livro *"Coaching – Aceleração de Resultados"*, no qual divido a organização com o amigo e sócio Wilson Farias do Nascimento e com Raquel Fonseca, é uma obra poderosa que recomendo a leitura. Em menos de três anos, produções fantásticas. E agora este livro solo.

Como empresário, tive a ousadia de idealizar e fundar o Instituto Evolutivo, com a missão de "inovar, crescer, desenvolver e contribuir para a Alta Performance das pessoas e das organizações, de modo sistêmico e com foco na maximização dos resultados".

Felizmente, esse sonho foi potencializado com a entrada do amigo e sócio Wilson Farias Nascimento. Posso considerar que alcançamos excelentes resultados em formações em *Coaching*, Programação Neurolinguística e treinamentos *in company*.

Como tudo muda e evolui, agora o Instituto Evolutivo foi reposicionado para **Instituto de Alta Performance Humana - IAPerforma.** Tenho certeza que estamos contribuindo, por meio do conhecimento e do amor, com transformação e desenvolvimento na vida das pessoas e das organizações.

Na intenção verdadeira de ajudar e contribuir com o desenvolvimento dos indivíduos e das organizações, somando com a minha identidade de professor universitário, cientista e escritor que valoriza o conhecimento em formato científico, juntamente com o amor em tudo o que faço, certamente diferencio-me de outros *Coaches*. Já treinamos milhares de pessoas e formamos centenas de *Coaches* por ano.

A relevância de conquistar uma missão é também alvo de defesa de Stephen Covey (2011), destacado no segundo hábito das pessoas altamente eficazes – "Comece com um objetivo em mente". Para o autor,

> a forma mais eficaz que conheço para começar com o objetivo em mente é desenvolver a missão pessoal, filosofia ou credo (COVEY, 2011, p. 130).

O autor ratifica a importância da missão para direcionamento rumo à meta estabelecida. Destaca que esse processo também potencializa autoconsciência e, consequentemente, amplia o nosso senso de autorresponsabilidade frente aos resultados da vida.

Um diferencial que podemos cultivar em nossa fórmula de sucesso pessoal é o empoderamento da nossa missão e visão de mundo. Para tanto, recomenda-se selecionar cuidadosamente os ingredientes que constituem a estrutura individual. Entre esses ingredientes está a definição dos valores, formada por nossos princípios.

Grande diferença das Pessoas de Sucesso

> Pessoas de Alta Performance: investem no "**Ser**" primeiro. Em seguida no "**Fazer**" e, consequentemente, vão "**Ter**" o que desejam.
> Pessoas de Baixa Performance: querem primeiro **ter**, depois **fazer** e, infelizmente, jamais vão **ser** o que desejam.

5.4 Princípios que norteiam a nossa vida – Valores

As leis que regulam uma sociedade são fundamentadas em princípios. Um indivíduo também segue diretrizes que representam os seus valores pessoais, isto é, os princípios que norteiam a sua vida. Perguntas do tipo: o que realmente importante na sua vida? Que regras informais você segue na hora de tomar uma decisão?

Uma dimensão desenvolvida no *Coaching* extremante valiosa em nossas vidas se refere à reflexão, identificação e ordenação dos valores pessoais. São as regras que determinam nossos comportamentos e, assim, os resultados, a identificação e ordenação dos princípios que norteiam as tomadas de decisão e, naturalmente, o rumo da vida.

Ou seja, cabe indagar quais são os valores mais importantes na sua vida? Quais princípios norteiam seus comportamentos? Quais são as coisas mais importantes na vida para você e como isso orienta suas decisões?

Para que você saia da situação atual e imagine onde pode chegar, repense os seus comportamentos, adquira novas habilidades, reavalie crenças limitantes e construa crenças fortalecedoras. Escreva uma missão de vida clara, estabeleça sua visão e defina os valores, esse exercício pode mudar o curso da vida.

O tema – Valores – é tão relevante que Brian Tracy destaca o seguinte pensamento na Lei dos Valores:

> Seu modo de agir é coerente com suas convicções e seus valores íntimos. Aquilo que você diz e faz todas as suas escolhas – em especial em situações de estresse – são expressão exata do que realmente lhe importa, apesar do que você possa dizer (TRACY, 2009, p. 11).

De acordo com o autor, os valores são como uma bússola na tomada de decisão, em especial em momentos de estresse, podendo ser conscientes ou estar em níveis mais profundos, embutidos em nosso subconsciente. O autor alerta também para o fato de que pessoas felizes seguem suas próprias regras.

> As pessoas felizes são aquelas que obedecem e seguem as leis da natureza e vivem a própria vida de maneira consistente com essas regras (TRACY, 2013, p.20).

Diante do exposto, fica enaltecida a relevância de refletir e levantar, bem como alinhar e hierarquizar nossos valores pessoais. Para esse exercício, o autor destaca que podemos olhar para dentro ou para fora, ou seja, buscar a resposta em nosso "eu" com perguntas do tipo:

> O que você defende, apoia ou não apoia (valores)? Por quais princípios você está disposto a se sacrificar? Por quais valores você está disposto a se esforçar, a pagar ou ainda até morrer? Você valoriza Deus? Sua família, carreira, trabalho, saúde? (TRACY, 2013).

Outra estratégia para instalar pensamentos sobre os valores é olhar para fora, ou seja, quem são as pessoas que você admira? Quais são suas qualidades? Quais são os valores que norteiam sua vida? Os valores, quando definidos verdadeiramente, tornam-se inegociáveis, invioláveis. Uma vez definidos, realize uma hierarquia por ordem de relevância (TRACY, 2013).

Para alcançarmos a excelência, os nossos sonhos e os resultados almejados, se faz necessária a viagem que o *Coaching* possibilita, tendo em vista que a definição dos princípios da sua vida torna-se um fator crítico para o sucesso.

> Ao centrar a vida em princípios imutáveis, eternos, criamos um paradigma fundamental para a existência eficaz (COVEY, 2011, p.150).

Talvez a essa altura do livro você esteja refletindo que nunca havia pensado nisso. Alegre-se, talvez seja por isso que você ainda não tenha alcançado todos os resultados almejados. Por outro lado, se você já realizou esse levantamento, aproveite a oportunidade para repensar e/ou analisar o quanto sua conduta comportamental está alinhada com os valores declarados.

É importante destacar que esta lista se potencializa ao escrevê-la e colocá-la em um lugar visível para que ela seja assimilada na sua identidade.

Diante desse cenário, eu também realizei a reflexão e o exercício de escrever e torná-la pública.

VALORES

- **Liberdade**
- **Serenidade**
- **Integridade**
- **Inteligência e aprendizagem contínua**
- **Criatividade e inovação**
- **Positividade**

> Fico imaginando quais são os valores que norteiam você...
> Volte e responda os questionamentos anteriores e defina seus valores.

> "Siga a sua alegria e o mundo **abrirá portas** para você onde antes **só havia paredes**". (Joseph Campbell)

5.5 Filosofia da Alta Performance

Você já parou para refletir qual é a sua filosofia de vida? Napoleon Hill (2011), escritor da famosa obra a "Lei do Triunfo", descreveu a "Filosofia do Sucesso", que foi a inspiração e a base para produção da "Filosofia da Alta Performance".

"Filosofia da Alta Performance"

> Se você pensa que é um fracassado, você alcançará a derrota.
> Se pensar que é um vencedor e dedicar-se intensamente e de forma disciplinada, conquistará a vitória.
> Mesmo que você queira vencer, se regar a semente da dúvida, jamais vai conseguir saborear o sucesso.

> Se você fizer as coisas pela metade, você será um perdedor.
> Se você deixar de aprender a perdoar, jamais alcançará a felicidade.
> O sucesso começa pela intenção verdadeira de vencer. Tudo se determina pelo foco e pela ação dedicada.
> Para conquistar as mais altas glórias é necessário ver, ouvir, sentir, pensar e agir como um vencedor dotado de inesgotável autoconfiança.
> Se você pensa que é um perdedor, você se torna como tal.
> Se você busca atingir uma posição de destaque, tenha antes a vitória bem clara mentalmente. Acredite verdadeiramente que é capaz, que é merecedor e que conseguirá infalivelmente.
> Se você busca atingir Alta Performance, tem que ser grato e manter a fisiologia de um vencedor, escolhendo suas palavras com sabedoria e focalizando as suas metas com a certeza de sua realização.
> Conquisto elevados resultados porque sou flexível, percebo as possibilidades ao meu redor, mensuro meus resultados e invisto em melhorias continuamente.
> Eu entrego o melhor que posso a cada dia e já estou sentido Alta Performance em meu sangue e nos meus objetivos!
> Eu sou merecedor. Eu sou conquistador. Eu Sou Feliz. Eu Sou Vitorioso. Eu sou capaz. Eu Sou Próspero. Eu sou grato.
> Eu sou a materialização da Alta Performance!

Como seria se você adotasse essa filosofia da Alta Performance como norteadora para sua vida?

5.6 Qual é a Identidade de um Coach?

O que é ser um *Coach*? Poderia responder rapidamente a essa questão de inúmeras formas, pois é como descrever o que é ser uma mãe ou um pai. Várias respostas poderiam ser dadas, porém nenhuma delas consegue traduzir completamente o que é ser um *Coach*. Contudo, sintetizo aqui talvez os principais comportamentos de um *Coach*, com objetivo de iniciar a reflexão do que é ser um *Coach*.

> **Acelere o seu sucesso pessoal e profissional**

Destaco o material do amigo João Catalão e sua esposa Ana Teresa Penim, que se aproxima de um comportamento de um *Coach*, denominado por eles como ser UAUme!

Ser UAUme!
EU

- Discurso interno positivo
- Apreciar e encorajar os outros
- Cultivar uma visão positiva do mundo
- Ter energia positiva
- Não se autolimitar
- Ter iniciativa e ser resiliente
- Acreditar que a vida é relação e praticar o valor da gratuitidade

Figura 7 – Atitude UAUme e as posturas de Coach. (Fonte: Catalão e Penim, 2012, p. 32)

Conforme destacado na figura 7 – "Ser UAUme" –, o *Coach* preferencialmente vive em constante positividade, iniciado por um diálogo interno que é demonstrado por meio das verbalizações e comportamentos no sentido de externalizar essa percepção com outros, enquadrando sempre o lado positivo da situação.

Ter comportamento que aprecia e encoraja os outros, jamais se autolimita, é proativo e resiliente e pratica a "Gratividade", termo cunhado a partir do pensamento de colocar a "gratidão em atividade".

Pense o quanto tem agradecido às pessoas que contribuíram para seu sucesso. Quantas pessoas estão te apoiando em sua jornada? Tem reconhecido e agradecido a elas? Tem agradecido a Deus a dádiva da vida e tudo que temos? A prática da gratidão é outra pérola extremamente poderosa que está presente no *Coaching*.

Quem guarda raiva, envenena corpo e mente em doses homeopáticas. O grande Mahatma Gandhi disse certa vez: "**O fraco nunca pode perdoar. Perdão é um atributo dos fortes**". Você é fraco ou forte?

> O *Coach* é o profissional que ajuda você a transformar sonhos em realidade.

5.6.1 Comportamentos recomendados de um *Coach*

- Suspender julgamentos;
- Ser bom ouvinte, com capacidade de escutar ativamente;
- Conduzir com maestria a arte de fazer perguntas poderosas;
- Capacidade de ampliar a percepção e desafiar as crenças;
- Despertar a consciência e autorresponsabilidade;
- Gerenciar o crítico interno e conseguir transformá-lo em professor;
- Perito em determinação de objetivos, em especial determinar o foco;
- Construtor de crenças fortalecedoras;
- Gestor de emoções em nível de maestria;
- Habilidade de pensar de modo sistêmico e ser pragmático;
- Aglutinar e compartilhar conhecimentos;
- Mobilizar energias com foco nas ações em prol dos objetivos;
- Cultivar a positividade em $360°$;
- Ser íntegro e confiável;
- Ter ferramentas para planejar metas e aferir resultados;
- Ser gerador de consciência, sensibilização e promotor de ação;
- Acreditar no potencial infinito do ser humano;
- Integrar conhecimentos em prol da humanidade;
- Estar em paz com o passado, ter foco no presente e olhar para o futuro;
- Viver de acordo com sua missão de vida e seus valores;
- Despertar o seu melhor, integrando corpo, mente, emoção e espírito.

O *Coach* é um engenheiro de objetivos, é um arquiteto de sonhos, é empreiteiro de crenças, é um maestro que conduz as pessoas a refinarem suas habilidades, encontrarem suas virtudes e sintonizarem o seu "eu" para alcançarem o melhor delas mesmas.

O *Coaching* mobiliza as potencialidades humanas de modo integrado e harmônico.

A vida é repleta de dilemas e escolhas que fazemos diariamente. Cada decisão faz com que cruzemos uma nova porta para um novo caminho. Algumas decisões são simples, com nível de relevância baixo, outras são decisivas na construção do nosso futuro. Porém, algumas portas estão trancadas e necessitam de uma chave para serem abertas.

Para acessarmos resultados cada vez maiores e melhores, precisamos abrir algumas portas que eventualmente encontram-se trancadas.

Muitas vezes escolhemos um caminho, porém só nos deparamos com barreiras, portas trancadas e, às vezes, não conseguimos abri-las, custe o que custar. Talvez você já tenha se sentido assim. Algumas pessoas desistem, outras buscam outra porta. Porém, talvez os mais inteligentes busquem os chaveiros. Especialistas em abrir portas, fechaduras e até cadeados.

O *Coach* é como um chaveiro especializado. E as chaves para acessar novos caminhos são as perguntas. Cada chave abre uma porta que nos leva a um destino diferente, cada pergunta permite abrir um novo pensamento, cada novo pensamento permite novas decisões e resultados.

Um bom *Coach* tem um grande molho de chaves, porém só a chave em si não é sinônimo de excelentes resultados. Escolher a chave correta está atrelada ao destino desejado, ao objetivo almejado.

O *Coach*, como chaveiro, tem a pergunta certa ou o conjunto de perguntas que pode conduzi-lo à realização dos seus sonhos. Para a concretização dos nossos sonhos necessitamos desvendar os segredos da mente, do coração, da emoção e do sucesso.

Mesmo que o *Coach* tenha todas as chaves, cabe ao *Coachee*, ao cliente, querer pegar a chave. E, mais que isso, utilizá-la. As perguntas aqui descritas neste livro são como chaves que podem permitir abrir e acessar o melhor de você mesmo.

Muitas pessoas veem somente as chaves ou as perguntas, porém poucos conseguem enxergar além da chave, saber que cada chave pode nos levar a uma porta nova e a um fascinante ambiente novo, repleto de possibilidades que podem conduzir a um resultado de vida completamente diferente.

Ao permitir abrir portas novas, menos conhecidas, pouco percorridas, podemos avançar novos caminhos.

Aqui, talvez você encontre uma chave que libere correntes que te impediam de alcançar resultados super, ultra, mega, *power*, estelares, celestiais.

5.7 Questões de Coaching para Alta Performance

- Qual o seu maior sonho?
- O que te impede de realizá-lo?
- O quão está distante dele?
- O que você tem feito para realizá-lo?
- O que pode ser realizado para acelerar a realização do mesmo?
- Quais são suas principais habilidades?
- Qual sua missão de vida?
- Quais são os princípios que norteiam sua vida?
- Quem é você hoje?
- Se você fosse um super-herói, quem você seria?
- Quais os comportamentos que você mais admira nesse herói?
- Quais os princípios/valores que norteiam a atuação desse herói?
- Quem você quer se tornar?
- O que você pode fazer para se tornar quem você deseja?
- O que você aprendeu com todas as questões?
- Quais são as suas ações para realização dos seus sonhos e assim tornar-se o que você deseja?
- O que aprendeu neste capítulo?
- Como seria voltar às questões do capítulo e respondê-las verdadeiramente?
- Como seria definir hoje sua missão, visão e valores?
- Como pode usar a filosofia da Alta Performance na sua vida?
- O que você vai fazer em níveis práticos após essa leitura? Quais serão suas ações?

Se você deseja criar uma identidade vencedora, tenha pensamentos de um vencedor, tenha a postura e atitude de um vencedor, escolha palavras de um vencedor e seja um vencedor.

COACHING APLICADO AOS RELACIONAMENTOS

> Agora permanecem estes três:
> a fé, a esperança e amor,
> mas o maior desses é o amor.
> (I Coríntios 13:13)

Objetivos:

- Apresentar referências do *Coaching* aplicado aos relacionamentos;
- Listar conhecimentos e técnicas para potencializar relacionamentos;
- Apresentar casos de sucesso.

6.1 Coaching nos Relacionamentos

Nesta fantástica jornada do *Coaching*, profissionalmente tenho conquistado resultados extraordinários. Todavia, sentia um vazio, pois olhava para o lado e faltava uma companheira, uma mulher. Tenho um perfil introvertido, ou seja, o contrário do extrovertido e comunicativo. Era uma pessoa relativamente tímida, retraída, envergonhada e reservada. Porém, com o processo de *Coaching*, minha autoestima tinha se elevado e realmente o sucesso com as mulheres havia aumentado.

Um ponto relevante para o sucesso nos relacionamentos e no campo profissional é a autoconfiança. Lembre-se:

> Todo indivíduo que realiza qualquer ação extraordinária alcança autoconfiança mais elevada que as pessoas comuns (TRACY, 2013, p.8).

Pense no seu nível de autoconfiança de zero a dez. Qual recurso ou o que precisa acontecer para você ampliar seu nível de autoconfiança?

Eu já havia vencido grandes desafios e conquistado o estado desejado, ou seja, o objetivo que eu havia estipulado. Porém, sentia que a roda da vida estava desarmonizada. A variável – relacionamento – sinalizava em baixa.

> A vida sem amor não tem realmente nenhum valor, afirma Warren, sinalizando a importância do amor (WARREN, 2003, p. 109).

Logo me peguei me perguntando como o *Coaching* poderia solucionar essa desarmonia.

Para resolver tal situação, pensei na minha própria história de vida e minha reflexão perpassou pelos relacionamentos anteriores e pelo o que eu havia aprendido com cada um deles.

Ao focalizar a utilização do *Coaching* e tudo que vinha aprendendo pelos diversos cursos e formações que participei, decidi fazer um *autoCoaching*.

Pare por alguns minutos, (re)pense seus relacionamentos ao longo da vida e imagine o quanto você aprendeu com eles.

Vários *insights* percorreram minha mente e meu corpo. Emoções, frustrações, lamentações, sentimentos relacionados ao companheirismo, plenitude, fidelidade e felicidade.

Porém, questões críticas surgiram em minha mente: **o que é amor?**

> - **Por que existem tantos conflitos?**
> - **Existem técnicas e fórmulas para potencializar os relacionamentos?**
> - **Quais são os motivos dos conflitos e como superá-los?**
> - **O que se espera dos relacionamentos?**

Cheguei a fazer uma pesquisa informal com muitas mulheres para responder o que é amor. Geralmente, as definições eram diferentes, porém todas revestidas de sentimentos positivos, de doação, adoração, companheirismo, beleza, alegria, energia, cumplicidade, felicidade.

Gostava de imaginar que o amor é uma vontade suprema de fazer o outro feliz, um sentimento incondicional de carinho e dedicação à companheira(o). É muito comum, ao se relacionar, oferecer sentimentos sinceros e nos alegrarmos também em receber. Mesmo que inconscientemente, queremos que haja uma reciprocidade.

Em minha trajetória de desenvolvimento aprendi referências importantes e também bem pragmáticas no que tange ao relacionamento entre as pessoas.

6.2 Tripé para o Relacionamento de Alta Performance

> Em minha jornada de desenvolvimento aprendi com Prof.º Massaru Ogata três grandes dimensões que potencializam os relacionamentos:

1 – Ser ouvido

Ser ouvido na essência significa que todos nós buscamos atenção, desejamos ser ouvidos atentamente. A isso também se denomina por escuta ativa. Imagine os seus momentos de conversa no carro, no escritório, em casa, entre outros lugares.

Quantas vezes estamos conversando com as pessoas que estão ao mesmo tempo, trabalhando, dirigindo um carro, assistindo televisão ou na frente de uma tela de computador e, atualmente, nos celulares, mais especificamente nos *smartphones*, estes em específico que nos têm furtado a atenção para com os relacionamentos?

Ouvir na essência é estar 100% concentrado na conversa, olhar nos olhos, preferencialmente estar frente a frente com o indivíduo, tendo o foco e a atenção total na pessoa. Quando foi a última vez que você foi ouvido assim? Ou que você verdadeiramente ouviu dessa forma?

Para potencializar esse processo, recomenda-se adotar um dos princípios fundamentais do *Coaching* que é a suspensão total de julgamentos. Infelizmente é comum, durante a conversa, já iniciarmos a avaliação e julgamento do comportamento da outra pessoa. Como sugestão, imagine que você é um *Coach*. Suspenda todo tipo de julgamento. Pense agora nos relacionamentos e em quanto esse ouvir na essência é relevante, tanto para as mulheres como para os homens.

2 – Reconhecimento

Outra regra de ouro é reconhecer as pessoas, exteriorizar um comportamento que você está notando nelas e que reconhece que gosta delas. Tal abordagem enaltece a relevância de nossa percepção e da comunicação para demonstrar o quanto gostamos e nos importamos com a outra parte. Intimamente carregamos a necessidade de sermos amados e reconhecidos.

Um gesto simples de reconhecimento pode ofertar resultados fantásticos sem necessariamente ser oneroso. Recordo-me de uma dica de MARQUES (2011), a operação *"post it"*, que em síntese é comprar um ou mais blocos de *post it* e fazer declarações de reconhecimento e amor e espalhar pela casa. Durante dias e até meses, a amada ou amado poderá encontrar os recadinhos do coração.

Um grande exemplo do momento da necessidade de reconhecimento são as redes sociais. Milhares de frases, em especial as fotos dos mais diversos tipos e formas são postadas e aguardam sedentamente uma "curtida" ou, quiçá, até mesmo serem compartilhadas, o que nos dá uma sensação de ser reconhecido.

Responda:

- Você se lembra de um momento que se sentiu altamente reconhecido?
- Um momento que se sentiu verdadeiramente amado?
- Como seria se sentir amado e reconhecido?
- Como seria promover esse sentimento em outras pessoas?

Ouvir as pessoas ativamente e reconhecê-las pode melhorar significativamente os seus relacionamentos.

3 – A Força do Perdão

Recomenda-se no *Coaching* aprender a perdoar. Sim, da mesma forma que aprendemos a dirigir um carro. Pode ser complexo para um leigo em um primeiro momento, como é para muitos o ato de dirigir, porém podemos também aprender a perdoar as pessoas e a nós mesmos.

Tal postura pode acelerar os seus resultados e te levar a conquistar uma alta performance. Uma vez aprendido, é como dirigir um carro. Você pode fazer naturalmente e sem grandes esforços.

Quando guardamos mágoas das pessoas é como se guardássemos pedras em nossa mente e corpo. Infelizmente torna-se comum encontrarmos alguns indivíduos amargurados e até frios, pois já produziram tantas pedras de raiva de outras pessoas e de si mesmos que costumam construir castelos de solidão e dor.

O perdão tem efeitos em nosso corpo, isto é, benefícios como diminuição da pressão arterial, facilitação da digestão, suaviza a respiração, estimula um sono reparador, promove o relaxamento e reforça o sistema imunológico (ALLAN, 2011). Os efeitos são notoriamente positivos e reforçam os ganhos. O inverso também tem efeitos, ou seja, quem não perdoa acarreta em impactos severos e nocivos à saúde física e mental.

Algumas vezes, a raiva surge por meio de uma "alucinação". O termo alucinação aqui se refere a pensamentos que temos e que não possuem nenhuma evidência concreta ou prática, ou seja, é fruto de pensamentos e possibilidades criadas na mente, porém sem fato que as ateste. Muitas vezes, essa "alucinação" tem como alimento o medo. Vamos ver um caso prático:

> **Caso Prático: Alucinação.**
> Em minha experiência com o Coaching, atendi uma amiga que vivia reclamando do parceiro e vivia "alucinando" situações catastróficas. Com frequência queixava-se do namorado e mencionava que não atendia às expectativas e se sentia frustrada na relação. Por meio de sessões de Coaching informal fora questionado:
>
> **Coach:** O que faz você se sentir frustrada?
>
> **Coachee:** O jeito do meu namorado.
>
> **Coach:** O jeito, qual comportamento específico que ele tem é o que te faz se sentir frustrada?
>
> **Coachee:** Ele não se comporta/ não faz o que eu quero.
>
> **Coach:** Como você quer que ele se comporte?
>
> **Coachee:** Ah, ele sabe!
>
> **Coach:** Como ele sabe?
>
> **Coachee:** Já namoramos há tanto tempo!
>
> **Coach:** E há quanto tempo se comporta assim?
>
> **Coachee:** Sempre!
>
> **Coach:** O que você pode fazer para mudar isso?
>
> **Coachee:** Falar o que quero?
>
> **Coach:** Como seria se você verbalizasse os seus pensamentos de forma clara e precisa para o seu namorado?
>
> **Coachee:** Será que vai funcionar? Bem, posso fazer para ver.
>
> É comum as pessoas "alucinarem", ou seja, elas pensarem em sua mente que o outro lado "sabe" ou imagina o que o outro pensa. O que chamamos de leitura mental. Alguém já te disse "eu sei que você está pensando X ou Y", porém sem ter nenhuma evidência concreta? Pense!

> **DICA:** Evite realizar leituras mentais (alucinar), ou seja, acreditar que sabe o que outra pessoa esteja pensando. Evite imaginar! Pergunte!

6.3 Frustração e o Perdão

Você já se frustrou? É comum da natureza humana o ato de se frustrar, porém esse é um grande exemplo de "alucinação". A frustração deriva de uma projeção dos seus pensamentos em outras pessoas. Exemplo: Juliana ficou frustrada com seu namorado porque ele não a levou em um jantar romântico no dia dos namorados. Juliana imaginou, "alucinou" uma noite fantástica com o namorado, ou seja, projetou no namorado o comportamento que acredita ser o mais apropriado para tal data.

Porém, o namorado tem em mente um final de semana com a namorada em uma praia, somente os dois para namorar muito. Entretanto, como a Juliana não ficou feliz com o comportamento do namorado, ficou fria e com cara de brava o final de semana inteiro. Você já viu algo desse tipo acontecer? Talvez com um conhecido ou com você mesmo. Tudo isso porque não tiveram uma comunicação clara e projetaram comportamentos nos parceiros que não eram os mesmos. Assim surgem alguns dos conflitos rotineiros nos relacionamentos. Diminua a alucinação e use o perdão.

Pense por alguns instantes: Você tem alguém para perdoar? Talvez um familiar, talvez um amigo ou você mesmo. O poder do perdão desata os eventuais "nós" em nossa linha da vida e permite avançarmos com maior velocidade para acelerar nossos resultados.

O perdão pode ser algo muito simples para quem olha de fora, porém é poderoso para quem o realiza. E pode ter efeito transformador.

Tem alguém que você queira perdoar na sua história de vida? O que te impede de perdoá-lo agora?

Caso Prático – Perdoando a ex-mulher

Recordo de aluno que tive em curso livre de Coaching onde foi lançado o desafio do perdão. Os alunos certos sempre chegam aos professores certos no momento certo.

O perdão no caso do senhor B aconteceu em aspecto conjugal. Eu estava realizando um curso introdutório de Coaching que durava quatro finais de semana. Na história de vida do senhor B, ele foi deixado pela esposa e teve que criar seus dois filhos sozinho.

> O senhor B relatou que não estava preparado para esse desafio, porém a necessidade é nosso melhor professor. Ele criou seus filhos com muita dedicação, porém carregava no peito uma grande mágoa e raiva de sua ex-esposa por tê-lo deixado.
>
> Na mesma semana do curso ocorreria o casamento de um dos filhos e certamente o senhor B reencontraria a ex-esposa, por quem ele carregava um grande sentimento negativo.
>
> No dia do casamento, a tensão e ansiedade dos filhos eram grandes, pois sabiam do sentimento negativo e intenso do Senhor B, que alimentava desprezo e raiva pela ex-mulher e que deixava isso muito claro para os filhos.
>
> Os filhos estavam muito tensos, pois era inimaginável o que poderia acontecer no encontro, porém, sensibilizado pelo desafio do perdão, o Senhor B chamou a esposa e a perdoou. Dessa maneira libertou-se e também foi perdoado.
>
> Na semana seguinte ficou nítida e perceptiva a alegria dele em ter vencido o desafio que ele me confidenciou.

Você aceita o desafio? Quer alcançar resultados extraordinários?

Comece com feitos extraordinários, independentemente do que te aconteceu. Quem você poderia perdoar na sua vida? Talvez um membro da família ou talvez a pessoa mais importante a quem você possa perdoar seja você mesmo. Como seria se você olhasse, ouvisse e sentisse novamente sua história de vida com o perdão vivo dentro de você e nos seus relacionamentos? Como seria?

Evite ser vítima das armadilhas da mente, sentindo medo ou se conformando com o que aconteceu. Lembre-se que tudo começa com uma pergunta e é definido por meio das nossas ações.

Para Timothy Jennings:

> Ao aprendermos como perdoar os outros, cooperamos com Deus na cura da nossa própria mente (JENNINGS, 2010, p. 141).

O mesmo autor acrescenta:

> Só aqueles que recuperarem a capacidade de controlar e governar a si próprios terão a condição de lidar com a liberdade absoluta no universo de Deus. Perdoar os outros é um dos passos que damos ao colaborar com Ele para nossa própria cura e transformação (2010, p.142).

O perdão é enfaticamente uma variável importante para liberarmos nosso potencial mental nos aspectos cognitivos, emocionais e espirituais.

Lanço o seguinte desafio: como seria se você perdoasse a si mesmo? Ou a pessoa que talvez tenha vindo em sua mente nesse momento?

6.4 Como você demonstra o seu amor?

Em meus estudos e formações em *Coaching*, aprendi que existem as cinco linguagens do amor (CHAPMAN, 2006).

É comum os relacionamentos terem conflitos e talvez um desses motivos seja pelo fato de os parceiros possuírem linguagens diferentes. Dr. Chapman identificou cinco linguagens:

Palavras de afirmação: patrocinar positivamente com palavras amorosas de reconhecimento. Algumas pessoas apreciam falar/escrever palavras que externalizem seus sentimentos. Logo, pessoas que trabalham nesse padrão, valorizam também ouvir as palavras. Talvez você se lembre de pessoas que dizem: "ele(a) nunca fala que me ama". Ou seja, a verbalização no sentido de dar e receber são as mais importantes. Pense em pessoas do seu ciclo de amigos que apresentem esse comportamento.

Qualidade do tempo: estar com as pessoas amadas de corpo presente, porém com a mente em outro local, tem se tornado rotineiro no mundo contemporâneo. Nesse contexto, o "estar inteiro na relação" é estar presente de corpo, mente e coração, é estar com a pessoa, focado no momento, sem interrupções de celular, Internet ou televisão. Como seria se quando estivéssemos com a pessoa amada nos desligássemos de tudo e nos concentrássemos 100% na pessoa e no momento. Imagine como seria.

Presentes: muitos pais demonstram seu amor aos seus filhos(as) por meio de presentes, incapazes de tecer palavras de carinho ou abraços. Sinalizam seus sentimentos por meio de presentes e/ou dinheiro. A intenção de doar é a principal característica. Você é assim? Ou talvez conheça pessoas que adotem esse modelo de comportamento?

Gestos de Serviços: a demonstração de amor, nesse caso, é realizada por meio de gestos de serviço, de ousar fazer coisas diferentes. Recordo da história do lixo: um amigo meu fez um gesto de serviço para esposa ao colocar o lixo para fora. Algo muito simples, todavia que surpreendeu positivamente a esposa que recebeu a ajuda como uma demonstração de amor e carinho, tendo em vista que nunca tinha feito esse gesto. Muitas mães utilizam dessa linguagem, fazendo todo tipo de serviço para os filhos. Como sua mãe demonstrava o amor? E o seu pai?

Toque Físico: a última linguagem refere-se às carícias, ao toque, ao corpo, às demonstrações de afeto maior por meios sinestésicos, ou seja, acariciando o companheiro(a). Os homens geralmente gostam muito dessa linguagem. É relevante destacar que todos nós entendemos as cinco linguagens, porém temos a nossa preferida, bem como nosso parceiro(a) também a tem. Como seria se um casal soubesse de suas preferências no que tange a essas linguagens? Qual é a sua linguagem e do seu parceiro(a)?

Ninguém pode te tornar ciumento, bravo, vingativo ou ganancioso, a menos que você o permita.
(Napoleon Hill)

Ao invés de exigir a presença ou companhia de alguém, torne sua companhia tão agradável que as pessoas desejem ficar próximas de você.

6.5 Sete Segredos para criar uma personalidade atraente

Diante da minha busca por informações relacionadas ao desenvolvimento humano, em especial do *Coaching*, tive acesso a grandes obras sobre o ser humano, dentre elas destaco a clássica "Lei do Triunfo", de Napoleon Hill, que sintetiza sete posturas para criar uma personalidade atraente, que pode ser estimulada e desenvolvida quanto ao pensar e estudar sobre relacionamento. (HILL, 2011, p. 485)

6.5.1 Os Sete Segredos de Napoleon Hill

- **Primeiro**: formar o hábito de se interessar pelos outros, procurar descobrir suas boas qualidades e referir-se a elas elogiosamente.
- **Segundo**: desenvolver a habilidade de falar com firmeza e convicção, tanto na conversa habitual como em reuniões públicas, quando se deve usar maior volume de voz.
- **Terceiro**: vestir-se de acordo com o tipo físico e o trabalho que se exerce.
- **Quarto**: desenvolver um caráter positivo.
- **Quinto**: aprender a arte de apertar a mão, de modo a expressar um sentimento caloroso de entusiasmo por meio desta forma de saudação.
- **Sexto**: atrair a si as pessoas, "atraindo-se" primeiro para elas.
- **Sétimo**: lembrar sempre que a nossa única limitação dentro do razoável é a que estabelecemos na nossa própria mente.

Desenvolva esses comportamentos e potencialize seus relacionamentos. Pense e dê uma nota de zero a dez a cada um desses sete segredos.

E aí, como estão os resultados?

Escolha um que você pode desenvolver e que potencializará os demais. Entre em ação agora! E lembre-se: "As pessoas que se queixam não podem ter uma personalidade atraente" (HILL, 2011, p. 487).

> Entusiasmo é a maior força da Alma. Conserve-o e nunca lhe faltará poder para conseguir o que necessita. (Napoleão Hill)

6.6 Potencialize a comunicação nos relacionamentos

Nós capturamos a realidade por meio dos nossos sistemas representacionais, ou seja, cinco sentidos - visão, audição, tato, olfato e paladar (DILTS, 1999). No tocante à PNL, categorizamos as pessoas como visuais, auditivas, cinestésicas (relacionado ao sentir) e digitais.

De acordo com LOSIER (2010), reconhecer o seu estilo de comunicação e de outras pessoas permite que você potencialize sua capacidade de se comunicar, tornando-se mais flexível, de modo que possa ajustar sua linguagem conforme seu interlocutor, consequentemente criando vínculos e melhorando suas conexões com as pessoas.

6.6.1 Descubra mais sobre os quatro perfis de Comunicação

- **O Visual**: vê as coisas como se fossem figuras, memoriza criando imagens visuais. Geralmente aprende rapidamente e costuma ficar facilmente entediada se não tiver planos. Valoriza o tempo e por isso gosta que as coisas comecem e acabem pontualmente. Prefere acessar o "quadro geral" do que os detalhes (LOSIER, 2010).

-
    o **EXPRESSÕES COMUNS DO ESTILO VISUAL:**

    - Estou começando a ver aonde você quer chegar;
    - Não está claro o bastante;
    - Não gosto de entrar numa reunião completamente às cegas;
    - Dê-me apenas as linhas gerais;
    - Quero ter uma perspectiva desse assunto;
    - Ainda está tudo muito nebuloso;
    - Sua explicação foi bem ilustrativa.

- **O Auditivo**: frequentemente lembra daquilo que ouviu, palavra por palavra. Aprende ouvindo e geralmente não faz anotações. É bom contador de histórias com frequência. Fala sozinho quando está trabalhando ou se concentrando. Você a ouvirá com frequência emitindo sons como "Aaah!", "Hummm!", "Ooooh!".

- **Expressões comuns do estilo auditivo**

    - Conte mais.
    - Estou ouvindo.
    - Algo me diz que isso vai funcionar.
    - Foi como música para meus ouvidos.
    - Que voz esganiçada!
    - Escute aqui, você trouxe o livro?
    - Essa expressão soa meio ambígua.

- **O Cinestésico:** costuma falar mais vagarosamente, aprende melhor fazendo, ou seja, na prática. Precisa de tempo para se "sentir à vontade" com novas informações. É capaz de dizer que "sente" se alguma coisa está certa ou errada quando alguém lhe pede para tomar uma decisão. Tem a tendência de levar algum tempo para "se adaptar" a um novo ambiente ou a "se encaixar" em uma nova situação.

    - **Expressões comuns do estilo Cinestésico**

        - Não vamos tocar nesse assunto.
        - Isso simplesmente me irrita.
        - Não peguei muito bem o que você disse.
        - Tenho a sensação de que esse é o caminho
        - Estou começando a pôr a mão na massa.
        - E onde é que eu me encaixo nessa história?

- **O Digital**: memoriza as coisas com facilidade, passo a passo e por sequências. Geralmente processa informações de um jeito metódico, racional e lógico. Tende a prestar muita atenção aos detalhes. Tem uma grande necessidade de dar sentido ao mundo à sua volta. Aprende elaborando as coisas mentalmente e demanda tempo para processar novas informações.

    - **Expressões comuns do estilo Digital**

        - Palavra por palavra.
        - Descreva em detalhes.
        - Vamos tentar deduzir as consequências.
        - Mas isso faz sentido?
        - Prestei atenção.
        - Eu sei.
        - Entendo o que você quer dizer.

Ao compreendermos os estilos de comunicação e exercermos a flexibilidade, podemos potencializar nossa capacidade de nos comunicarmos e, consequentemente, nos conectarmos com as pessoas de forma habilidosa.

Lembre-se de focar o que você deseja no relacionamento ao invés de focar no que não deseja.

6.7 Aprenda Como Criar Conexão com as Pessoas

A Programação Neurolinguística, ciência que estuda como a linguagem acessa o cérebro e molda nossos comportamentos, é uma forte aliada para os processos de *Coaching* e para a excelência nos relacionamentos. Imagine, portanto, como seria se conectar de forma inconsciente com as pessoas.

Sabe quando você acaba de conhecer uma pessoa e vocês se dão muito bem? Talvez tenha acontecido um *rapport*, ou seja, você tenha criado uma conexão poderosa com a pessoa em níveis mais profundos.

Rapport é uma palavra de origem francesa que significa concordância, afinidade, empatia, ressonância. Seu significado já revela a importância deste elemento nas relações humanas, assim como na prática de *Coaching*.

Um *Coach* aprende a desenvolver essa poderosa técnica. *Rapport* é mais que empatia, é desenvolver a harmonia na comunicação, é conectar-se ao outro por meio do comportamento verbal e não verbal, em níveis inconscientes e com profundidade.

Criar *rapport* significa desenvolver um relacionamento baseado em confiança e responsabilidade (O'CONNOR, 2011). Isto é, estabelecer uma comunicação pelo apoio emocional, bidirecional e empático, gerando confiança e conexão.

De acordo com MANCILHA, PAIVA, RICHARDS (2011), os elementos básicos para o *rapport* são: aparência física, a linguagem corporal, as qualidades vocais e a linguagem.

Uma forma simples de aplicarmos esse conceito nos relacionamentos é por meio do ajuste da sua linguagem e comportamento ao do seu interlocutor que podem acontecer em diversos níveis conforme a figura 8:

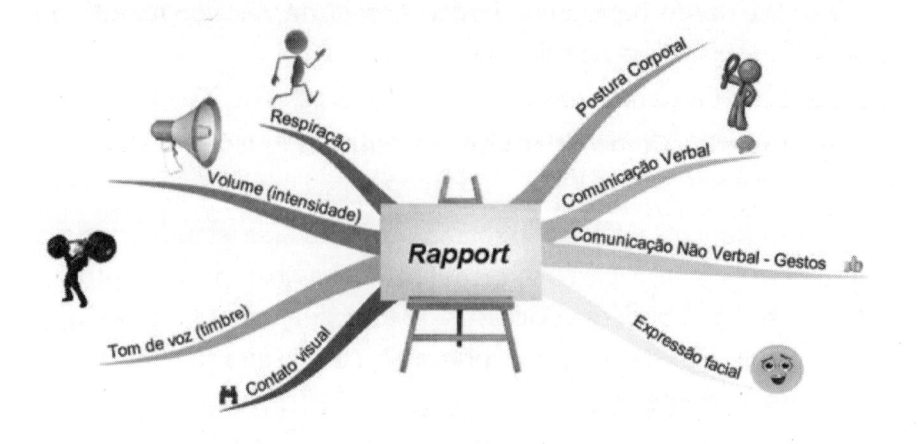

Figura 8 – Variáveis envolvidas no Rapport. (Fonte: OGATA, 2012 – Adaptado)

Ao desenvolver um bom *rapport*, você se sintoniza com as pessoas e potencializa seus relacionamentos. Um *Coach* utiliza o *rapport* para se conectar ao seu *Coachee* e juntos trabalharem em prol do seu objetivo. A conexão pode ser tão grande que seu ápice pode atingir o "Master Mind", que é a primeira Lei do Triunfo de Napoleon Hill: "Pode-se criar um "Master Mind" por meio da fusão de duas ou mais mentes num estado de perfeita harmonia" (HILL, 2011, p.36).

Conforme o autor, a conexão entre as mentes pode potencializar a realização dos resultados.

6.7.1 O feedback nas relações interpessoais

Um fator determinante em uma relação é a capacidade de se comunicar, porém comunicar vai muito além de falar, é compreender e ser compreendido. Talvez você já tenha visto, ouvido ou até mesmo sentido os efeitos dos ruídos nas comunicações, a distorção é muitas vezes a precursora de conflitos.

Neurologicamente, nosso cérebro tende a generalizar, distorcer e omitir informações que podem acarretar conflitos, como já sinalizados. A comunicação deve ser clara e confirmada por meio do *feedback*, ou seja, retorno da comunicação.

É comum e importante o *feedback* nos relacionamentos. Recomenda-se que preferencialmente seja realizado de forma habilidosa. É rotineiro as pessoas reclamarem no meio de uma festa: "meu namorado só me irrita e faz tudo errado". Diante disso, um *Coach* provavelmente perguntaria:

> - O que te irrita especificamente?
> - Será que está "literalmente" tudo errado?
> - Alguma vez você conversou especificamente com ele, destacando o seu comportamento e como se sente?

Infelizmente, muitas pessoas adotam o comportamento agressivo nas relações, sendo ásperas nas palavras e gestos, ou ainda, o passivo que aceita tudo, mesmo que se incomodem com o comportamento do parceiro(a). Existe também o estilo passivo agressivo, que vive reclamando do parceiro para terceiros e nunca tem uma conversa franca com o companheiro(a). Como seria desenvolver um comportamento assertivo nas relações, ou seja, expressando seus pensamentos e sentimentos de forma franca e sincera?

Dicas para potencializar a comunicação nas relações:

- Evite acreditar que o parceiro(a) tem "bola de cristal", ou seja, que adivinhe o seu pensamento. Fale com clareza o que pensa e sente.
- Ao dar um feedback, focalize sempre o comportamento, nunca a pessoa em si.
- Realize feedbacks de forma específica, descrevendo o comportamento e quando ele aconteceu. Dessa maneira, a outra parte terá clareza na comunicação.
- Realize feedback somente para condutas modificáveis e no tempo certo, ou seja, no momento oportuno, preferencialmente de forma pessoal e individual.
- Perca o medo de perguntar: por quê?
- Evite alucinar, "acreditar que sabe o que passa na cabeça da outra parte". Na dúvida, pergunte.
- Cuidado com as "reclamações", a frequente frase: "minha esposa só reclama e pega no meu pé". Ofereça feedbacks para melhorar o comportamento do parceiro(a) embrulhados em papel de presente, ou seja, destaque o ponto positivo do parceiro, informe com palavras polidas e doces o que pode ser melhorado e finalize com outro adjetivo positivo.

- A efetividade da comunicação está mais presente na maestria de como você faz do que no conteúdo propriamente dito.

Reflita: para potencializarmos nossos relacionamentos, recomenda-se que se valorize a outra pessoa. Aceite-a do jeito que ela é, evite os julgamentos e faça uso do amor incondicional.

Para finalizar esse capítulo, recomendo uma reflexão sobre quais são as pessoas que compõem sua rede de relacionamento. Elas influenciam diretamente seus resultados. Avalie a sua rede, pois ela pode limitar e/ou potencializar seus resultados.

Com quem você quer parecer? Quem são as pessoas que admira e quer se aproximar? O que é necessário para se aproximar delas? Existe uma máxima no *Coaching* que diz que você é a média das cinco pessoas com quem mais passa seu tempo. Recordo da frase: "É impossível voar com as águias quando você anda com Perus". (KENT HEALY E JACK CANFIELD)

> Você é uma combinação das cinco pessoas com quem passa mais tempo.
> (JIM ROHN – Milionário Self-made e Escritor de Sucesso)

Espero verdadeiramente que as dicas descritas até aqui tenham contribuído para o seu desenvolvimento em diversas dimensões da sua vida. Agora vamos para o último capítulo e talvez você se surpreenda com o que vai encontrar. Está pronto para ir além?

6.8 Questões de Coaching para Alta Performance

- O que é amor? E como você pode aplicar amor em sua vida?
- Qual é a sua linguagem do amor?
- Qual a linguagem do amor da sua parceira(o)?
- Você tem ouvido as pessoas na essência?
- O que tem feito para reconhecer as pessoas que ama?
- Como seria contatar uma pessoa que ama e que há muito tempo não tem contato e reconhecê-la? Como ela contribuiu ou contribui na sua vida?

- Quem você pode perdoar?
- Como seria se olhar na sua história de vida e se perdoar verdadeiramente?
- Quem nesta vida você pode perdoar? Como pretende fazer isso? E quando?
- Qual o seu perfil de comunicação? Auditivo? Visual, Cinestésico ou digital? E seu companheiro(a)?
- Como seria realizar um rapport com as pessoas que se relaciona?
- Como você tem dado os feedbacks em seus relacionamentos?
- Como poderia potencializar a forma de dar feedback?
- Quais são as cinco pessoas que você passa mais tempo?
- Quem você pode conhecer para potencializar seus resultados?
- Quem é um modelo de relacionamentos para você?
    - Descreva os comportamentos, crenças e identidade dessa pessoa.
    - O que você pode aprender com ela?
- Qual o maior aprendizado neste capítulo?
- O que você vai colocar em prática neste momento?

7

E O QUE MAIS?

"O verdadeiro conhecimento vem de dentro".
Sócrates

Objetivos:

- Desenvolvimento do potencial humano de forma integrada
- Caracterizar a inteligência emocional e espiritual
- Apresentar o modelo de *Coaching* PERFORMA

Após três anos da minha primeira formação em *Coaching*, já havia alcançado boa parte dos meus objetivos e tinha uma missão de vida, visão e valores. Estava montando minha empresa e tinha participado de muitos livros. Eu realizava palestras e aulas, porém senti que faltava algo.

Por alguns momentos fiquei parado, estático, inerte, pensando: Mas já conquistei tantas coisas que desejava. O que falta? Lembre-se da célebre frase de Anthony Robbins: "É nos momentos de decisão que seu destino é traçado".

Uma pergunta surgiu em minha mente: "Para que tudo isso?". Nesse momento comecei a me questionar mais profundamente de onde vim, para que estou aqui e para onde vou?

Nesse momento, questões espirituais começaram a tocar o meu íntimo. Você já foi tocando assim? "A espiritualidade vem à tona quando você precisa refletir sobre si" (CORTELLA, 2010, p.14). Talvez um momento de repensar o meu "eu", me redescobrir e me conectar com Deus.

Um dos maiores poderes do *Coaching* é o de aumentar a consciência. "Com a expansão da consciência, eventos que parecem aleatórios na verdade não são, mas um objetivo maior está tentando se desenvolver através de você" (CHOPRA, 2012, p.12). Então, com uma consciência expandida, fatos mudaram minha história de vida e, principalmente, minha forma de pensar, sentir e ser.

7.1 Minha Relação com Deus

Durante toda minha vida acreditei em Deus, porém cultivei uma visão distante e, antes do *Coaching*, até julgadora. Alguns amigos e amigas buscavam me aproximar de Deus, seja por meio de convites para ir à igreja ou mediante presentes correlacionados.

Porém, reconheço que tinha uma crença limitante de que "quem se prende muito a Deus é fraco". Desenvolvi de forma equivocada na minha mente a visão de "pessoas fanáticas" e que não queria que pastores, padres ou religiosos interpretassem a bíblia para mim. Pensava em desenvolver minha espiritualidade e seguir alguma religião apenas quando eu estivesse mais velho, porém, com aplicação do *Coaching*, as diversas dimensões da minha roda da vida começaram a ser preenchidas.

O espiritual ganhou destaque por coincidência. A seguir, alguns fatos marcantes. O convite do Dr. Anthony Portigliatti, meu orientador do Mestrado na Arte do Coaching na FCU e incentivador de minha ida aos EUA para lecionar naquela faculdade, foi muito mais que uma quebra de crenças territoriais como sinalizei.

Tive a oportunidade de conhecer um pouco mais o Dr. Portigliatti. Ver, ouvir e sentir o seu sucesso profissional, humanidade nos relacionamentos, sendo um exemplo de pai e marido em sua relação com a família, um *Coach*, de fato, um líder focado em resultados e também uma pessoa com a espiritualidade acentuada.

Nunca tinha visto essa combinação, não tinha esse referencial. A Florida Christian University, que é uma universidade cristã, realmente entrega mais do que conhecimento. E eu fui tocado. Aqui reitero o meu agradecimento ao meu orientador, mentor e amigo.

Ainda por meio da FCU, conheci o notável Dr. Augusto Cury, que, em sua palestra no Interbusiness de Curitiba na FESP, compartilhou sua trajetória de pesquisa e produção científica e o seu "rendimento" a Deus depois de muitos anos de estudo. Tal história se conectou com a minha.

Ainda no Interbusiness, conheci a Dra. Raquel Fonseca, uma exímia aplicadora da ferramenta SOAR, que realiza um levantamento de características comportamentais. Felizmente, por "coincidência divina" ou "providência divina", foi minha parceira na devolutiva da ferramenta. O que desencadeou em uma possibilidade de encontro com a valorosa filha, Ivelise Fonseca, que se tornou minha namorada, noiva e esposa.

Minha amada Ivelise é uma cristã praticante e seguidora da palavra de Deus, alguém que eu jamais namoraria um ano antes. Mas, ao me permitir, ela conquistou meu coração. Assim, deixei os julgamentos de lado e estou muito feliz, pois ela tem me mostrado muito sobre Deus e seus ensinamentos.

Todos esses fatos serviram de *approach* entre Deus e mim. E eu agradeço, sobretudo, a Deus por esse elo, por esse nexo.

Diante desse contexto, meus estudos fluíram, sob os conselhos do meu orientador, para o QS - Quociente Espiritual (Spiritual Quocient), instrumento que abre novas janelas de oportunidades para acessarmos o melhor de cada um.

Tradicionalmente, temos Quociente de Inteligência, Quociente de Inteligência Emocional (GOLEMAN, 2001, 2012), Quociente de Adversidade (SAMPAIO, 2006), Inteligência Múltipla (GARDNER, 1995) Inteligência Multifocal (CURY, 2010), Inteligência Positiva (CHAMINE, 2013) e Inteligência Espiritual (ZOHAR, MARSHALL, 2000, 2012).

7.2 Inteligência Espiritual, Emocional e Outras Teorias

Para o ativista quântico Amit Goswami (2010, p. 141), inteligência "é a capacidade de responder apropriadamente a uma dada situação". Para respondermos às diversas demandas e situações, mobilizamos então nossas capacidades que vão do cognitivo ao emocional, porém com a concepção da inteligência espiritual temos também a possibilidade de acessarmos neurologicamente até o "Ponto de Deus".

A inteligência e o Coaching:

Se olharmos para inteligência com os "óculos do *Coaching*", é como olhar para uma floresta, cheia de árvores de possibilidades, cada qual com seu valor, sem questionar qual é maior ou menor, frutífera, florífera ou simplesmente uma árvore que não possui essas características, não significa que é menos ou mais importante. Para pensarmos a inteligência aqui, utilizarei, com lente de aumento, Edgar Morin, pai da teoria da complexidade. Não para complicar, mas no sentido de conectar e relacionar.

Uma floresta é um ecossistema. E ao pensar em inteligências, podemos pensar em sistemas. Diversos teóricos lançam diversas formas de classificar e buscar mensurar a inteligência. Nesse contexto, apresento de forma sintética, porém abrangente, como um *Coach* pode olhar o tema e, principalmente, relacioná-lo com as possibilidades frente ao seu *Coachee*.

Para tanto, parto do conceito de que "inteligência pode ser considerada a habilidade de se adaptar ao ambiente e aprender com a experiência" (COSENZA, GUERRA, 2011, p.127). Quando pegamos esse conceito e trazemos para o *Coaching*, podemos pensar na capacidade do *Coachee* sair do estado atual para o estado desejado, realizando adaptações frente ao ambiente que está inserido e aprendendo com experiências para alcançar o objetivo.

Nesse sentido, o *Coach* deve pensar, ver, ouvir, sentir a Inteligência por um "holograma, que permite ver as partes no todo e o todo nas partes" (MORIN, 2010), ou seja, vou listar as principais referências sobre inteligência como partes e convido você a olhar, considerando que as partes fazem parte do todo e o todo das partes, pois é assim que devemos pensar quando tratamos da inteligência.

QI – Quociente de Inteligência

Historicamente, começamos a mensurar a inteligência por meio do QI – Quociente de Inteligência. Em 1912, Wilhelm Stern foi quem propôs o termo "QI" (quociente de inteligência), apresentando estudos relevantes para mensuração do psicólogo francês Alfred Binet. Diversos teóricos contribuíram. Theodosius Simon desenvolveu a escala Escala de Binet-Simon, que está atrelada às questões cognitivas. Em 1917, Terman ajudou a desenvolver testes para avaliar recrutas do Exército para primeira Guerra e mais de 1,7 milhão de convocados se submeteu a esses exames, ampliando a disseminação dos testes de QI. Até hoje de forma atualizada o teste de QI é utilizado. É interessante acrescentar que o psicólogo americano James R. Flynn foi o primeiro a documentar ganhos verificados nas medidas de inteligência ao longo do tempo e que comprovou que o QI aumenta com o passar do tempo, ou seja, em comparação com anos anteriores ou gerações.

Inteligência Emocional

Em seguida o QE – Quociente de Inteligência Emocional – trouxe um novo olhar para questão ao destacar a relevância da gestão das emoções, apresentando que diagnóstico de QI não determina quem terá êxito ou fracassará (GOLEMAN, 2001). O QE tornou-se alvo de diversos estudos e ganhou notoriedade em nível de resultados.

> Para se obter desempenho de ponta em todas as funções, em todos os campos, a competência emocional tem o dobro da importância das capacidades puramente cognitivas (GOLEMAN, 2001, p.48).

O autor evidencia, então, a relevância da administração das emoções para o desempenho do homem. É notável a questão da gestão das emoções, trabalhada de forma bastante enfática em treinamentos comportamentais e em processos de *Coaching*.

O conceito de inteligência emocional popularizou-se em meados dos anos noventa com a publicação de Daniel Goleman, mesmo que se diga que este conceito e o conjunto das teorias que envolvem o assunto vêm sendo estudados por diversos outros pesquisadores anteriormente. Goleman é a referência mundial hoje sobre o tema.

A Inteligência emocional oferece uma visão nova da inteligência na qual as emoções adquirem um papel fundamental no desenvolvimento completo da pessoa, na sua capacidade de viver com saúde emocional e de estabelecer relações benéficas com o meio em que vive (MATTEU, SILVA, 2012).

A Inteligência emocional tem como eixos principais: autoconhecimento, automotivação, empatia, gerenciamento da emoção e capacidade de relacionar. (GOLEMAN, 2001).

Inteligências Múltiplas

As inteligências múltiplas de Howard Gardner analisam a inteligência sob nove dimensões.

São compostas pela inteligência:

Lógico-matemática - relacionada ao pensamento lógico, dedutível e matemático.

Linguística - capacidade de tecer as palavras, aprender idiomas entre outros.

Corporal-cinestésico - habilidade de controlar o seu próprio corpo. Muitos atletas desenvolvem essa inteligência com maestria.

Musical - consiste na habilidade de compor e executar padrões musicais, ritmos, timbres, entre outros.

Espacial - compreende com precisão espaços e imagens. Muito comum em arquitetos.

Interpessoal - ampla capacidade de se relacionar, de interação com outras pessoas, se comunicar, etc.

Intrapessoal - considerada uma das inteligências mais raras, refere-se à capacidade de conhecer-se e se relacionar consigo próprio.

Naturalista - sensibilidade e habilidade no que tange à fauna, à flora e ao meio ambiente.

Existencialista - refere-se à habilidade de questionamentos mais profundos, espirituais e existenciais.

Para Howard Gardner, os indivíduos possuem os nove tipos de inteligências em diferentes graus, ou seja, certas habilidades básicas em todas. As várias inteligências são influenciadas por diversos fatores, porém é relevante salientar que todas elas podem ser desenvolvidas, ou seja, aprimoradas (MATTEU, SIGNORELLI, 2013).

Inteligência Multifocal

O Dr. Augusto Cury vai ainda mais fundo no tema e propõe investigar a construção do pensamento "o nascedouro das ideias; a construção das cadeias de pensamentos; a formação da história intrapsíquica arquivada na memória; a leitura da memória pelos fenômenos intrapsíquicos; os tipos fundamentais de pensamentos construídos na psique humana; a natureza, limites, alcance e práxis dos pensamentos; os fenômenos e processos que participam da construção do eu; as etapas do processo de interpretação na construção dos pensamentos" (CURY, 2006, p. 261). Sua obra oferece um olhar inovador sobre a inteligência e tem muita proximidade com o *Coaching*, pois sua teoria tem como pilares:

1. A arte da formulação de perguntas;
2. A arte da dúvida;
3. A arte da crítica;
4. A busca do caos intelectual para se processar a descontaminação da interpretação;
5. A busca do caos intelectual para expandir as possibilidades de construção do conhecimento;
6. Análise das causalidades históricas e das circunstancialidades biopsicossociais;
7. Análise dos processos de construção das variáveis de interpretação na mente.

Com base nesses pilares, o autor questiona o "Eu" e oferece significativas reflexões sobre a essência humana – o que somos?, em nível de Identidade – quem somos?, no contexto social, no sentido de qual é o nosso papel social – o que fazemos? e na reflexão temporal de localização no tempo e espaço – onde estamos?. Elas geralmente são trabalhadas no processo de *Coaching*. Sua teoria ventila novas possibilidades de liberar o potencial humano.

Inteligência Positiva

A mais nova inteligência que ganha espaço atualmente é a QP – "Inteligência Positiva é uma indicação do controle que você tem sobre sua mente e o quão bem sua mente age em seu próprio benefício" (CHAMINE, 2013, p. 14). De acordo com autor, a QP está relacionada ao controle mental em prol dos nossos benefícios.

O autor também evidencia que os benefícios desse controle mental são os mais diversos possíveis, desde aspectos positivos para o sistema imunológico, menor pressão arterial e estresse, como resultados em negociação, diagnósticos mais precisos no caso de médicos, resultados de vendedores que vendem até 37% a mais, como também maiores salários, sucesso no trabalho, casamento, saúde e até na criatividade (CHAMINE, 2013).

A positividade é um comportamento muito comum entre os *Coaches*, o que pode justificar em parte os elevados resultados desses profissionais.

Inteligência Espiritual – QS

Uma inteligência pouco disseminada e que também vem ganhando espaço atualmente é a QS – Inteligência Espiritual – "a inteligência da alma. É a inteligência com a qual nos curamos e com a qual tornamos um todo íntegro" (ZOHAR, MARSHALL, 2000, p.14). De acordo com os autores, a inteligência reconecta o homem que vem se fragmentando em sua história.

Por um lado, temos um pensamento cartesiano que divide o saber e acaba tornando-o frágil e limitado quando pensamos em desenvolvimento humano. Por outro lado, temos o QS, que atua de modo integrado.

> QS, este opera do centro do cérebro – das funções neurológicas unificadoras do cérebro – e integra todas as nossas inteligências. O QS nos torna as criaturas plenamente intelectuais, emocionais e espirituais que somos (ZOHAR, MARSHALL, 2013, p.14).

Tal abordagem integradora e emancipadora aproxima-se do *Coaching* e do pensamento interdisciplinar (FAZENDA, 2002) que preconiza a integração das ciências, muito considerada no modelo de *Coaching* Performa que desenvolvo.

Atualmente, a espiritualidade vem ganhando espaço no campo acadêmico por meio da física quântica.

> A ciência descobriu a espiritualidade. Hoje, há uma teoria científica que consistente sobre Deus e a espiritualidade com base no primado da consciência (ideia de que a consciência e não a matéria é a base de toda existência). (GOSWAMI, 2010, p. 11).

O autor destaca por meio de evidências científicas a existência da relevância de Deus e da espiritualidade. Mais que isso, destaca a importância da consciência como base na nossa existência em detrimento da matéria.

É importante destacar que o QS não está alicerçado em nenhuma religião (ZOHAR, MARSHALL, 2000).

Os estudos realizados em 1997, pelo neurologista Vilayanu Ramachandran, na Universidade de Califórnia, evidenciaram sobre um "ponto divino" localizado entre as conexões neurais nos lobos temporais do cérebro. Essa área se ilumina em escaneamentos topográficos de emissão de pósitrons nos pacientes que participam de discussões de cunho espiritual ou religioso (ZOHAR, MARSHALL, 2000).

O austríaco Wolf Singer também realizou estudos neurológicos e identificou que, além do pensamento cognitivo e o emocional, temos um terceiro tipo, o intuitivo, que se acopla ao QS (ZOHAR, MARSHALL, 2000).

O psicólogo Carl Jung também realizou estudos que consideravam o homem em aspectos conscientes, inconscientes, pensamentos, sentimentos e intuição (GOSWAMI, 2010).

A utilização do QS está atrelada a sermos criativos, flexíveis, visionários. Permite-nos tornarmos mais conscientes diante de questões existenciais, oferecendo um sentido profundo para enfrentar os desafios da vida (ZOHAR, MARSHALL, 2000).

Talvez em um processo de *Coaching*, desenvolvendo um alto nível de *rapport*, criando uma "*Master Mind*", uma conexão entre as mentes, munidos de um interesse verdadeiro de fazer o bem e alcançar os objetivos, possamos então potencializar a intuição e que cada pergunta bem colocada tenha como resposta do *Coachee* "o seu eu interno". Talvez ainda possa, quiçá, por meio da intuição já destacada, ser uma forma de se conectar espiritualmente para encontrar o melhor caminho a melhor resposta, promovendo *insights* poderosos.

O QS permite integrar o intrapessoal e interpessoal, promove nossa consciência de sentido e valor, alinha nossa bússola da vida e pode nos tornar espiritualmente inteligentes sobre religião, nos levando ao âmago das coisas (ZOHAR, MARSHALL, 2013).

É interessante destacar que a Inteligência Espiritual explica também que

> o indivíduo com alto teor de Inteligência Espiritual pode praticar qualquer religião, mas sem estreiteza, exclusividade, fanatismo ou preconceito. De igual maneira, pode possuir qualidades extraordinariamente espirituais sem ser absolutamente religioso"(ZOHAR, MARSHALL, 2000, p 28-29).

Conforme o autor, é possível desenvolver a espiritualidade independentemente da religiosidade, porém podermos ter alto QS e sermos também religiosos.

Ressalta também que o:

> QS é uma capacidade interna, inata ao cérebro, à psique humana, extraindo seus recursos mais profundos do âmago do próprio universo. (ZOHAR, MARSHALL, 2000, p.23).

O que se aproxima da essência do *Coaching*, que é encontrar as respostas dos questionamentos dentro de você mesmo.

O autor acrescenta ainda que é muito comum as pessoas reclamarem de um "vazio" não preenchido, o que pode talvez ser completado com o seu autoconhecimento, ampliação de consciência e, talvez, elevando sua espiritualidade.

Possivelmente, esse vazio seja a falta de um significado maior para a vida, para a nossa existência, podendo ser preenchido ao acessarmos nossa espiritualidade, permitindo-nos a conexão com algo maior. Talvez a nossa intuição seja o canal de comunicação entre homem e sua alma ou talvez do seu "eu" com "Deus".

Dessa maneira, talvez desenvolvendo nossa espiritualidade, nossa conexão com Deus, avançamos em termos de consciência. E ainda que pareça paradoxal, quem sabe, conforme a consciência se eleve, alcancemos Deus e a espiritualidade.

Ao refletir sobre o tema, resgata-se novamente a lei do propósito (Darma) (CHOPRA, 2011a, p.107). "Estamos aqui para descobrir nosso Eu superior ou espiritual". O autor acrescenta também que "para descobrir nosso verdadeiro Eu espiritual, devemos entender que somos essencialmente seres espirituais expressos numa forma física".

Logo após eu ter redesenhado meus comportamentos, ampliado minhas capacidades, repensado crenças e valores, mergulhado no meu "eu" interno e definido o propósito e minha missão, estava na hora de dar mais um passo no meu desenvolvimento.

Outras Inteligências:

Além das inteligências já destacadas, existe também o quociente de adversidade que consiste na capacidade de o indivíduo lidar com problemas, adversidades, superar obstáculos ou resistir à pressão em situações adversas.

A habilidade de lidar com adversidades pode ser responsável por 92% do sucesso de uma pessoa (SAMPAIO, 2006).

Há, também, a Inteligência Social, a capacidade de se relacionar com a sociedade. Inteligência Financeira, que relaciona a habilidade com dinheiro, entre inúmeras outras que poderia listar aqui. Porém, agora que você ampliou sua percepção sobre a inteligência, a grande questão é: quais são as suas inteligências? E como pode fazer uso delas?

Nesse sentido, a lei do propósito também destaca o caminho para buscarmos nossos talentos únicos. E que ao fazer uso dessas virtudes entramos em estado de graça, prazer e consciência atemporal (CHOPRA 2011b).

Tal modo de pensar aproxima-se da psicologia positiva que sinaliza a relevância de acessarmos nossas habilidades principais e fazer uso delas como forma de alcançar a felicidade (SELIGMAN, 2004).

Psicologia Positiva:

A psicologia positiva é a "ciência e as aplicações relacionadas ao estudo das qualidades psicológicas e das emoções positivas" (SNYDER; LOPEZ, 2009, p.33). Essa relevante área da psicologia vem se desenvolvendo e teve início com o cientista Martin Seligman.

A ciência e a prática da psicologia positiva estão direcionadas para identificação e compreensão das qualidades e virtudes humanas, bem como para o auxílio no sentido que as pessoas tenham vidas mais felizes e produtivas (SNYDER; LOPEZ, 2009, p.19).

Conforme descrito pelos autores, a psicologia positiva tem como foco a felicidade e a produtividade, o que se alinha perfeitamente com a proposta do *Coaching*. Soma-se ainda identificação das virtudes e das qualidades humanas, que se alinham à lei do propósito (Darma), estimuladas e identificadas que são no processo de *Coaching*.

A psicologia positiva oferece a receita estado de *flow*:

> Estado de envolvimento ótimo, no qual a pessoa não percebe os desafios à ação como uma subutilização, nem como uma sobrecarga de suas atuais habilidades, e tem os objetivos claros e atingíveis e o *feedback* imediato sobre os avanços (Snyder; Lopez, 2009, p.238).

Conforme os autores destacam, é como um estado de excelência e fluidez.

Para alcançar o *flow*, é necessário identificar as suas forças pessoais, escolher um trabalho que permita utilizá-los diariamente (SELIGMAN, 2004).

As convergências dessas áreas distintas do conhecimento humano talvez possam se integrar para tornar o ser humano mais produtivo e feliz para que exerça uma atividade que valorize suas virtudes e que esteja alinhada com sua missão, visão e valores e quiçá com uma conexão maior.

A dimensão espiritual nesse contexto diferencia a Metodologia de *Coaching* PERFOMA de outras abordagens e emerge como alternativa de desenvolvimento do ser humano de forma holística, integrada, transdisciplinar e objetiva.

7.3 O Modelo de Coaching Performa

A metodologia é exclusiva e foi desenvolvida pelos *Master Coaches* Ph.D. Wilson Nascimento e Douglas De Matteu, por meio do Instituto de Alta Performance Humana – IAPerforma, para a Formação *Professional Coach*. O Método PERFORMA é um acrônimo, conforme descrito no quadro 5, apresentado a seguir:

PER	Percepção
FO	Foco
R	Rota de Ação
M	Mensuração
A	Aprendizados

Quadro 5 – Método Performa.

O quadro 5 sintetiza como podemos estruturar uma sessão de *Coaching* e, mais que isso, também como podemos sistematizar em cinco passos as fases necessárias para um processo ou sessão.

Esse método começa com aumento da percepção do *Coaching* no sentido de entender limites e potencialidades. Define com clareza o foco, ajuda definir a Rota de Ação e realiza constantemente a mensuração da evolução das ações estabelecidas. Durante todo o processo, o *Coachee* (cliente) e/ou o aluno é estimulado a ter *insight*, isto é, a refletir e a buscar aprendizados em cada situação, ação e encontro.

O modelo possui a estrutura necessária para que o *Coach* possa garantir que seu cliente/*Coachee* amplie sua percepção, ou seja, permite ao *Coachee* descortinar os olhos, realçar acuidade auditiva e sentir a brisa das novas oportunidades.

Capaz de definir as ações necessárias para alcançar seu objetivo/estado desejado, o modelo utiliza alguns instrumentos para que o *Coachee* mantenha o foco, seja capaz de mensurar seus resultados e esteja consciente de seu aprendizado durante o processo.

O Método Performa considera também focarmos no aumento de performance por meio do processo de *Coaching* e, assim, avançarmos nos quatro estágios de aprendizado apresentados por WHITMORE (2010), a seguir explicitados.

- **Incompetência Inconsciente** – Baixa performance, sem diferenciação ou entendimento.
- **Incompetência Consciente** – Baixa performance, reconhecimento das falhas e dos pontos fracos.
- **Competência Consciente** – Performance melhorada, consciente, esforço pouco espontâneo.
- **Competência Inconsciente** – Alta performance automática, natural e integrada.

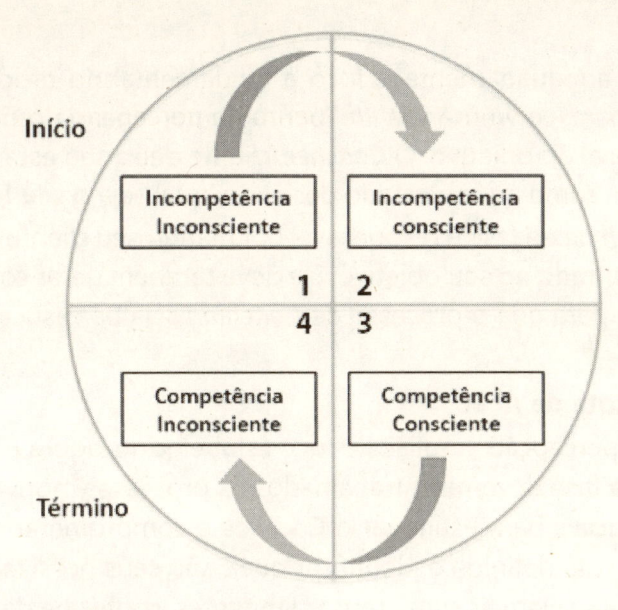

Figura 9 – Níveis de Competência.
(Fonte: WHITMORE, 2010 - Adaptado)

O ciclo apresentado por WHITMORE (2010) é levado em consideração no processo que se inicia na ampliação da percepção, a permitir o cliente iniciar o ciclo e, uma vez assumido o hábito de retirar aprendizado de cada situação, acessar o quarto estágio. Conforme figura 9.

7.3.1 Percepção

Antes de definir o estado desejado do seu cliente é muito importante que o mesmo conheça e entenda as possibilidades diante dele. Portanto, procuramos aumentar sua percepção sobre os cenários e mapear as variáveis controláveis e incontroláveis naquele momento. Assim, é possível utilizar algumas técnicas que contribuirão para a ampliação da sua percepção, como foi desenvolvido no capítulo inicial, para em seguida apresentar como definir os objetivos, ou seja, estabelecer um foco.

7.3.2 Foco

Definir adequadamente o foco é fundamental no processo de *Coaching* para convergência de pensamento, energia, emoção e ações em prol do objetivo. O *Coachee*/cliente deixa seu estado atual e se desloca rumo ao seu estado desejado, qual seja o seu foco.

O *Coach* nessa fase é responsável por manter seu cliente motivado e concentrado no seu objetivo. Ele deve também gerar condições necessárias para que o processo de *Coaching* seja bem-sucedido.

7.3.3 Rota de Ação

Com a percepção ampliada e foco estabelecido, agora é hora da ação. Nessa fase devem ser trabalhados os processos motivacionais que são cruciais para estimular o *Coachee* a comprometer-se a seguir com a rota definida e identificar quais são seus possíveis sabotadores, quais sejam as suas crenças limitantes, conforme destacado anteriormente nesta obra.

7.3.4 Mensuração

Nesse momento, o *Coachee* já ampliou a sua percepção, definiu sua rota de ação e mantém o seu foco constantemente claro. Está caminhando e, portanto, agora é necessário fazer a aferição dos resultados. Essa é a hora de o *Coachee* refletir sobre seus ganhos, sua velocidade na caminhada e o que ele adquiriu ao longo do processo.

Essa etapa também irá preparar o *Coachee* para desenvolver sua autorresponsabilidade frente aos resultados, estimulando-o para sua autonomia, ou seja, para seguir o caminho sem a necessidade do *Coach*, compreendendo como ele poderá utilizar todo o conhecimento adquirido para gerar novas conquistas.

Nesse contexto, o *Coach* mensura e coloca em uma escala de zero a dez tudo o que está sendo trabalhado. Como exemplo, de zero a dez, o quanto está motivado com o seu objetivo? Palavras como "sim, não, pouco, mais ou menos ou muito" não são tão expressivas se compararmos com uma escala.

Uma vez mensurado o nível de motivação, podemos prover ações para potencializá-la. Geralmente utilizo a pergunta "o que precisa acontecer para chegarmos ao dez?".

7.3.5 Aprendizados

Checar, avaliar e medir os resultados do processo são ações de extrema importância, portanto, é necessário que sejam definidos os indicadores no início do processo. Assim, a cada checagem o *Coachee* mantém seu nível de motivação mais elevado. Analisar os aprendizados do processo fortalecerá o *Coachee* a concretizar novos objetivos, buscando em si mesmo as ferramentas que potencializarão seus resultados.

Sempre fecho uma sessão de *Coaching* perguntando "O que valeu a pena nesta nossa sessão? Qual o aprendizado do nosso encontro?". Dessa maneira, fecha-se o clico de aprendizagem do método Performa de *Coaching*, conforme figura 10:

Ciclo PERFORMA de Aprendizado

1 - AMPLIAR A PERCEPÇÃO
2 - DEFINIÇÃO DO FOCO
3 - ROTA DE AÇÃO
4 - MENSURAÇÃO DOS RESULTADOS
5 - APRENDIZADO

Figura 10 – Ciclo Performa de Aprendizado.

Conforme a figura 10, a proposta é criar um ciclo virtuoso para o cliente alcançar a alta performance.

O Método Performa de *Coaching* surge com um pensamento convergente nos sentidos de conectar, integrar e convergir todas as inteligências, sejam elas cognitivas, emocionais, positivas, multifocais, múltiplas e espirituais, transcendendo em favor do desenvolvimento. O modelo Performa integra todas essas concepções, somando-se a estudos acerca da mente consciente e inconsciente, tendo como eixo estrutural os níveis neurológicos.

Os níveis lógicos ou neurológicos desenvolvidos por Dilts apud O'Connor (1996) estão alinhados aos nossos processos mentais, compostos por sete níveis:

- 1º Nível – Ambiente: relaciona-se a limites e oportunidades, com questões do tipo: onde e quando.
- 2º Nível – Comportamento: questões como "o quê?". Questões nesse nível identificam ações e reações. Até esse patamar, denomina-se Coaching Remediativo.
- 3º Nível – Habilidades e capacidades: centra-se no "como?". Envolve aspectos relacionados a conhecimentos, habilidades, direção, foco e estratégias para alcançar as metas desejadas.
- 4º Nível – Crenças e Valores: identificam-se as motivações, bem como a permissão para alcançar determinados objetivos. As perguntas são do tipo "Por quê?". A reflexão sobre as regras que norteiam nossos comportamentos (crenças e valores) permite repensar nossa bússola da vida ao alinharmos e equacionarmos comportamentos e objetivos. É denominado como Coaching Generativo, pois tem a capacidade de gerar grandes mudanças.
- 5º Nível – Identidade: o senso do "Eu", o propósito e a missão de vida são levantados nesse nível por perguntas do tipo "quem sou eu?". O processo de descoberta da identidade promove valiosos insights e norteiam nossa atuação pessoal e profissional.
- 6º Nível – Afiliação: a questão aqui é "a quem mais?". Está relacionado aos pares, às pessoas que fazem parte do seu sistema (ecologia), às pessoas que geralmente comungam dos mesmos valores, crenças e identidade. Exemplo: médicos se unem com outros médicos, Coaches com Coaches e assim por diante.
- 7º Nível – Espiritual: intuição, conexão com o Ser maior, com o universo, com Deus e com pensamentos em profundos existenciais, integrativos e humanitários. Perguntas do tipo como servir à humanidade?", "O que existe além de nós?" e "Como se conectar com Deus?".

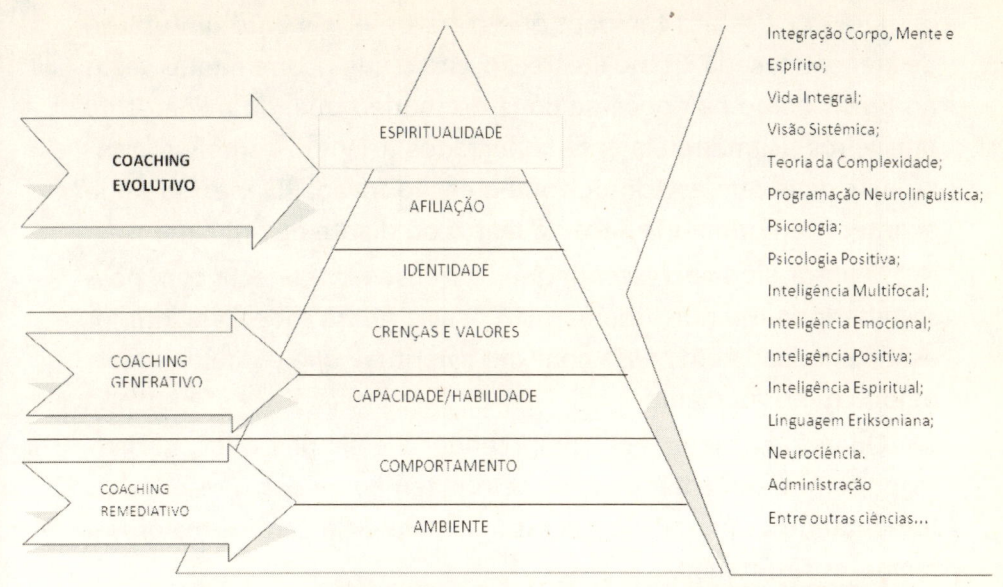

Figura 11 - *Coaching* Evolutivo. (Fonte: MATTEU, 2013a – Adaptado.)

Os níveis destacados e sinalizados na figura 11 podem ser aplicados no método Performa, o que possibilita profundos processos de mudança que ocorrem em níveis conscientes e inconscientes, ressaltando aspectos como crenças, valores, identidade e espiritualidade que, muitas vezes, estão enraizados em nosso inconsciente.

O processo do modelo Performa de *Coaching* mobiliza seu *Coachee* de modo consciente e inconsciente. Nossa mente consciente pode processar até 4.000 bits de informação por segundo, um volume fantástico. Porém, o poder maior está na mente inconsciente que tem a capacidade prodigiosa de processar até 400.000.000 bits de informação por segundo (REES, 2009). Ou seja, a multiplicação do poder de processamento sai casa de quatro mil *bits* para o incrível número de quatrocentos milhões.

Para acessar o inconsciente podemos usar a linguagem Ericksoniana. "Utilizando a linguagem da nossa mente inconsciente como metáforas, símbolos, sugestões indiretas, todos nós entramos em transe" (ADLER, 2011, p. 16).

O autor destaca também que o transe é somente um estado de atenção focada. Como ilustração, cito o que ocorre muitas vezes no Brasil, como na época da copa do mundo quando milhares de brasileiros ficam literalmente conectados à TV em completo transe, vale dizer, em estado de total atenção focada. O mesmo pode acontecer em uma boa peça de teatro ou diante de um filme.

O autor ainda acrescenta que "o transe nos conecta com nossa sabedoria interior" (Idem, p.16). Talvez nossa sabedoria interior esteja enraizada em nossa conexão espiritual, que é intuída emergindo em nossa mente.

Quando conseguimos compreender e estimular o inconsciente, podemos aumentar quase que infinitamente nossos resultados, fomentando as mudanças necessárias para alcançarmos maiores e melhores resultados.

O Método Performa de *Coaching* permite uma viagem interna rumo ao seu "eu interior" (*Self*), proporcionando uma clara apreciação e ponderação mental que propicia o despertar da conscientização de si mesmo e o reconhecimento de suas responsabilidades ante os resultados da vida.

Nesse mergulho interno, refletimos e emergimos respostas para questões do tipo: onde estou? O que estou fazendo? Em que acredito? Quem sou eu? Quais são meus valores? O que é realmente relevante na minha vida? Qual minha missão/meu propósito de vida? Onde quero chegar? Qual será o meu legado? Qual a relação da minha vida para com a humanidade?

O processo de *Coaching* sob o prisma do Método Performa pode ir tão profundo que transforma o modo de ver, ouvir e sentir o mundo. Ele ocorre de dentro para fora e permite ao *Coachee* (cliente) obter o "empoderamento" do seu próprio eu ao reconhecer os seus recursos e encontrar a energia para alcançar a situação desejada. E mais que isso, pois pode promover uma vida mais plena e feliz.

O *Coach* atua com as perguntas e é o *Coachee* quem fornece as respostas. Por meio dessa parceria, conseguem atingir elevados resultados em prol do *Coachee* e, quiçá, da humanidade.

O Performa considera a complexidade humana e a do ambiente ao integrar os conhecimentos científicos de diversas ciências, tais como a Psicologia, a Psicologia Positiva, a Programação Neurolinguística, a Inteligência Emocional, a Inteligência Multifocal, a Inteligência Espiritual, inclusive a área da Administração de Empresa, entre outras áreas do conhecimento, sempre objetivando potencializar o indivíduo para alcançar os resultados de modo acelerado.

Nesse sentido, podemos pensar a metodologia Performa como um processo que possibilita a alta performance humana por meio da convergência das ciências atuais e provavelmente mediante as futuras que surgirão, por seguir um modelo aberto aditivo e integrativo. Não há limites ou restrições para abarcar outras ciências de forma ética, responsável e consciente. A proposta é gerar o resultado e promover o desenvolvimento físico, psíquico, intelectual, emocional, social, mental e espiritual, fundamentado nos princípios norteadores do *Coaching*.

O *Coaching* oferece infindáveis possibilidades e se configura hoje como a mais poderosa metodologia de desenvolvimento humano. Devido à sua estrutura multidirecional, permite desenvolvimento em diversas dimensões da vida. A neurociência acrescenta que "Em sua imensa maioria os nossos comportamentos são aprendidos e não programados..." (COSENZA, GUERRA, 2011, p.34). Logo você pode aprender novos comportamentos.

No modelo Performa de *Coaching*, o *Coachee* é mais que estimulado a pensar e a agir sobre o seu objetivo. Ele passa por um alinhamento ou realinhamento do seu ser, repensando sobre o significado do objetivo, e assim viaja pelo seu "eu", encontrando as vias adequadas para acelerar os resultados. Constrói pontes fortalecedoras, destrói obstáculos, (re)pensa sua identidade e pode até ter uma conexão maior por meio do aflorar de sua espiritualidade.

Coaching é sinônimo de resultado, porém os resultados jamais serão iguais para todos, afinal, cada cliente (*Coachee*) é um ser único. Cumpre dizer que, provavelmente, a convergência das ciências possa oferecer mais alternativas ainda para o desenvolvimento do homem. O *Coaching* é, sobretudo, transdisciplinar.

Acelere o seu sucesso pessoal e profissional

O *Coaching*, vale dizer, é um processo que focaliza o aumento da produtividade e o desempenho individual, estando centrado em valores humanos e sendo seu objetivo tornar as pessoas mais felizes e realizadas em diversas dimensões da vida.

O *Coaching* age no despertar da consciência e pode transformar uma pessoa, ao aflorar o senso de autorresponsabilidade, uma vez assumido o papel de condutor a dirigir sua própria vida.

Pense em um carro e seu acelerador e freio. Algumas pessoas vivem a vida com o pé no freio. O *Coaching* permite que as pessoas reflitam sobre o seu comportamento e assim seguem pouco a pouco retirando o pé do freio e, quando o carro (vida) começa a andar, as sessões podem estimular o *Coachee* a paulatinamente pisar no acelerador, ou seja, possibilita você a andar e até a correr para alcançar os seus objetivos. É interessante ressaltar que nesse processo de aceleração de resultados, além dos pedais, o cliente define para onde ir, quem ele levará no carro, quais são as leis de trânsito, ou seja, seus princípios e valores que nortearão sua viagem para o seu objetivo .

Ao assumir o papel de condutor, as perguntas fazem o *Coachee* olhar para os espelhos ao realizar as manobras, o que significa dizer que possibilita a ampliação de sua percepção. Promove, ainda, o repensar quanto ao destino da vida, oferecendo um foco para olhar para frente rumo ao estado desejado, ou seja, aonde quer chegar e o que faz refletir para a determinação do caminho a ser traçado.

Mediante o *Coaching*, eu dei o passo que faltava para transformar minha existência "cinza" numa nova e colorida vida. Aprendi a acessar os maiores e mais poderosos conhecimentos para transformar a minha vida e a dos outros. Sair de um estado de pensador para realizador, da paralisia para movimento, do sozinho para o acompanhado, do desacreditado para uma pessoa dotada de crenças fortalecedoras.

Especial foi também descobrir que muito da filosofia aplicada ao *Coaching* está fundamentado na Bíblia, o que me fez focalizar a relevância de me aproximar de Deus sem reservas.

Aprendi também o poder da gratidão. Não à toa, agradeço a Deus, a todos os mestres que encontrei em minha trajetória de *Coaching*, em especial a você, leitor, que finalizou esta obra.

Quando você aprender a dominar seus pensamentos, esteja certo que dominará também seus comportamentos e resultados. Da mesma forma que se recomenda ter uma boa alimentação para o bom funcionamento do nosso corpo, eu recomendo a seguinte reflexão: de que forma você vem nutrindo sua mente?

Infelizmente, conheço muitas pessoas que investem muito tempo assistindo TV, em especial com inúmeras horas assistindo programas sensacionalistas que evidenciam violência, novelas, programas de esporte em excesso, entre outros. Não é proibido assistir, no entanto a frequência e intensidades desses programas agregam o que para sua mente e sua vida? Você é o senhor do seu destino e a forma como você gerencia o seu tempo e o que nutre a sua mente irá interferir severamente nos resultados.

Estou numa nova fase no *Coaching*. Nesse momento, cunhei o termo "*Coachinglogia*" ou, ainda, em inglês, "*Coachinglogy*", o neologismo que propõe pensar no estudo do *Coaching* como ciência, assim como ocorre com a Biologia, Sociologia ou Teologia. Defendo o *Coaching* como uma possibilidade ampla de aplicações na educação, na família, no contexto, religioso, profissional, entre outros.

Principalmente pelos seus resultados e aplicação transdisciplinar, ou seja, sem fragmentar o conhecimento mais conectado de forma integrada ampliando consciência e reconectando as ciências, considerando essencialmente estado atual e desejado a integração das ciências e o pensamento complexo.

Mais que isso, acredito verdadeiramente no *Coaching* como uma profissão e lancei recentemente Associação Brasileira de *Coaching* e *Mentoring*, que tem a missão de "enaltecer e propagar o papel desempenhado pelo Profissional de *Coaching* e *Mentoring* ao desenvolver, valorizar e potencializar os seus resultados, bem como estimular o espírito de colaboração entre profissionais, orientando para uma atuação eficiente e ética". Convido você para fazer parte, pois quero trazer cada vez mais ciência, união e amor para essa profissão.

Eu acredito que este livro é muito mais do que contar um pouco da minha história. É a forma, o canal, de fazer história no *Coaching*, contribuindo com a sua história. Esse é o foco do *Coaching*, ajudar os clientes primeiro a "desenharem" a sua melhor história de vida, depois acreditarem nela e materializá-la. Honro e respeito a minha história e honro e respeito a sua e quero verdadeiramente que você possa aplicar os conhecimentos aqui compartilhados para mudar a sua vida e desenvolver a melhor versão de você mesmo.

Na página seguinte, ofereço algo mais para você. Encontrará uma ferramenta poderosa para desenvolver um plano de ação para você colocar em prática os seus objetivos: Estrutura de formação para objetivos, uma das inúmeras ferramentas do Método Performa de *Coaching*.

Talvez hoje seja o momento para aumentar a sua performance. Até onde você pode se desenvolver com esta leitura? Incentivo, também, que me dê um *feedback* de como foi a leitura e os resultados que você esteja conquistando com ela.

Saiba que quando você realmente atingir o nível mais profundo do Método Performa, vivenciará o seu melhor.

> Ação é a medida real da inteligência.
> (Napoleon Hill)

7.4 Questões De Coaching Para Alta Performance

- Qual o aprendizado com a leitura deste livro?
- Em que você acredita em nível de um Ser maior? Como está a sua espiritualidade?
- O que Deus representa em sua vida?
- Como você pode usar a sua espiritualidade para acelerar seus resultados?
- Como seria se tivesse que listar 30 itens no qual você é grato?
- Com o que tem alimentado a sua mente? E como isso pode impactar nos seus pensamentos e comportamentos?
- Se você pudesse desenhar, contar uma melhor história para sua vida, como seria?
- O que te impede de acreditar nessa história e realizar?
- Qual será sua ação agora?

FERRAMENTA ADICIONAL DO Coaching PERFORMA

ESTRUTURA PARA FORMAÇÃO DE OBJETIVOS MODELO PERFORMA DE *Coaching*

Com objetivo de maximizar a estruturação dos objetivos para um formato acelerado, convergimos nessa ferramenta o modelo 5W2H da Administração, variáveis envolvidas na PNL no que tangem a limitantes e recursos necessários para potencializar ainda mais o ensaio cognitivo/"emotização" de modo ampliado, conforme destacado:

Qual o objetivo? O QUE (What)	Descreva de forma específica o seu objetivo. Especificamente - (SMART)
POR QUE (Why)	Descreva quais os benefícios que cada ação lhe trará. Qual o significado deste objetivo.
AÇÕES	Descreva todos os comportamentos para alcançar o objetivo principal.
QUEM (Who)	Defina um responsável (você mesmo ou outra pessoa que possa ajudá-lo).
QUANDO (When)	Estabeleça uma data limite para cada ação estabelecida. Prazo e tempo.
ONDE (Where)	Defina onde as ações serão/deverão ser realizadas.
COMO (How)	Detalhe a maneira como cada ação deve ser executada.
QUANTO CUSTARÁ (How much)	Defina os custos em termos financeiros e/ou tempo de cada ação para verificar a sua viabilidade.
ELEMENTOS LIMITANTES	Descreva tudo o que pode dificultar o cumprimento da tarefa.
RECURSOS NECESSÁRIOS	Descreva quais os recursos (materiais ou emocionais) necessários para cada ação.
ENSAIO COGNITIVO/ EMOTIZAÇÃO	Crie mentalmente um vídeo com cor, brilho, som, movimento e muito sentimento da realização do objetivo, de forma repetitiva até alcançá-lo.

> Acelere o seu sucesso pessoal e profissional

AUTOR: DOUGLAS De Matteu; ADM., PROF.º, Ph.D.

O Prof. Douglas De Matteu, Ph.D., consolida-se como um dos maiores pesquisadores do Processo de *Coaching* da atualidade. Com ampla produção acadêmica, já participou em cerca 20 livros como coautor e organizou os livros **Coaching: Aceleração de Resultados, Treinadores Comportamentais, Marketing de Relacionamento** e a obra **Master Coaches: Técnicas e Relatos de Mestres do Coaching**. Defendeu recentemente sua tese de Mestrado na **"Arte do Coaching"** pela Florida Christian University – FCU/EUA, que foi sintetizada para a publicação desta obra. Doutor em "Business Administration Ph.D.", é aluno do Programa de Pós Doc em Coaching na FCU/EUA.

Bacharel em Administração de Empresa, com três pós-graduações nas áreas de Educação a Distância, Marketing e Gestão de Pessoas, possui também o Mestrado em Semiótica, Tecnologias da Informação e Educação. É credenciado como formador de *Coaches* pelo World Coaching Council (Alemanha/Brasil). Idealizador e fundador do Instituto de Alta Performance Humana - IAPerforma, que atua com formação em *Coaching*, Programação Neurolinguística e Treinamentos Comportamentais. Possui um currículo extenso com diversas formações em *Coaching* e em outras áreas correlatas, com a chancela de diversas instituições com reconhecimento internacional.

Professor universitário há mais de oito anos em instituições privadas, é professor concursado na FATEC de Mogi das Cruzes, onde coordena o GEPLICO - Grupo e Ensino e Pesquisa em Liderança e *Coaching*. É professor da FCU/EUA, na cadeira de *Coaching*, onde leciona nos EUA, Brasil e Japão. Recentemente, atento ao mercado de *Coaching* no Brasil, lançou - Associação Brasileira de *Coaching* e *Mentoring* - Abrascom.

Contatos

www.iaperforma.com.br
douglas@iaperforma.com.br
www.abrascom.com.br
www.douglasmatteu.com.br

REFERÊNCIAS

ADLER, Stephen Paul. *Hipnose Ericksoniana: Estratégias para a comunicação efetiva.* Tradução: Ana Teresinha P. Coelho. Rio de Janeiro: Qualimark, 2010.

ALLAN, Percy. *Nietzsche para estressados.* Rio de Janeiro: Sextante, 2011.

BANDLER, Richard; GRINDER, John. *A estrutura da magia: um livro sobre linguagem e terapia.* Rio de Janeiro: 2011.

CAMPBELL, Joseph. *O Herói de Mil Faces.* São Paulo: Editora Cultrix/Pensamento, 1995.

CATALÃO, J.C; PENIN, A. T. *Ferramentas de Coaching.* Porto: Libel, 2010.

_____. *Atitude UAUme!: Como surpreender e criar valor na vida pessoal e nos negócios.* São Paulo: AREMEC, 2012.

CHAMINE, Shirzad. *Inteligência Positiva: Porque só 20% das equipes e indivíduos alcançam o seu verdadeiro potencial e como você pode alcançar o seu.* Rio de Janeiro: Fontanar, 2013.

CHAPMAN, Gary; HALLBOM Tim; SMITH, Suzi. *As cinco linguagens do amor.* Mundo Cristão: São Paulo, 2006.

CHIAVENATO, I. *Gestão de Pessoas.* Rio de Janeiro: Campus, 2008.

_____. *Comportamento organizacional.* 2ed. Rio de Janeiro: Elsevier, 2010.

CHOPRA, D. *As sete Leis espirituais do sucesso.* Rio de Janeiro: Bestbolso, 2011a.

_____. *Criando Prosperidade.* Rio de Janeiro: Bestbolso, 2011b.

_____. *O poder da consciência.* São Paulo: Leya, 2012.

CLUTTERBUCK, D. *Coaching Eficaz: Como orientar equipes de trabalho para potencializar resultados.* São Paulo: Editora Gente, 2008.

CORTELLA, Mario Sergio. *Qual é a tua obra: inquietações propositivas sobre gestão, liderança e ética.* Petrópolis: Vozes, 2010.

COSENZA, Ramon Moreira; GUERRA, Leonor Bezerra. *Neurociência e educação: como o cérebro aprende.* Porto Alegre: Artmed, 2011

COVEY, Stephen. *Os 7 Hábitos das pessoas altamente eficazes.* Rio de Janeiro: Best-Seller, 2011.

CURY, Augusto. *O código da Inteligência e a excelência emocional.* Rio de Janeiro: Thomas Nelson Brasil, 2010.

_____. *12 semanas para mudar uma vida.* São Paulo: Planeta do Brasil, 2007.

_____. *Nunca desista de seus sonhos.* Rio de Janeiro, Sextante, 2004.

DI STÉFANO, Rhandy. *O Lider-Coach: Lideres criando líderes.* Rio de Janeiro: Qualitymark, 2011.

DILTS, Robert. *Crenças: caminhos para a saúde e o bem-estar.* São Paulo: Summus, 1993.

_____, *A Estratégia da Genialidade*, Vol. II: Albert Einstein. São Paulo: Summus, 1999.

DINSMORE, Paul Campbell. *Coaching prático: o caminho para o sucesso: modelo pragmático e holístico usando o método Project-based Coaching.* 2 Ed. Rio de Janeiro: Qualimark, 2011.

DOWNEY, Myles. *Coaching Eficaz.* São Paulo: Cengace Learning, 2010.

FERRAREZI, Eugênio. *O cérebro – fonte de liderança, poder e... sabotagem – como nosso cérebro nos transforma em quem nós somos.* Rio de Janeiro: Qualimark, 2008.

FAZENDA, Ivani C. A. (Org). *A didática e interdisciplinaridade.* 13°ed. Campinas, SP: Papirus, 2008.

FAZENDA, Ivani C. A. *Interdisciplinaridade: história, teoria e pesquisa.* 10° ed. Campinas: Papirus, 2002.

GALLWEY, W, Timothy. *O jogo interior de tênis.* São Paulo: Textonovo, 1996.

GARCIA, Wilton. (Org). *Corpo & espaço – estudos e contemporâneos.* São Paulo: Factash, 2009.

GARDNER, Howard. *Inteligências Múltiplas: a teoria na prática* 1ª. ed. Porto Alegre, Artes Médicas, 1995.

GOLDSMITH, Marshall; LYONS, Laurence; FREAS, Alyssa. *Coaching: O exercício da Liderança*, Rio de Janeiro: 2003.

GOLEMAN, Daniel. *Inteligência Emocional.* Rio de Janeiro: Objetiva,1995.

_____. *O cérebro e a inteligência emocional: novas perspectivas.* Rio de Janeiro: Objetiva, 2012.

GOSWANI, Amit. *O ativista quântico: princípios da física quântica para mudar o mundo e nós mesmos.* São Paulo: Aleph, 2010.

GRINDER, J. *Atravessando: passagens em psicoterapia.* 5ª ed. São Paulo: Summus, 1984.

HALL, L. Michael. *Liberte-se! Estratégias para autorrealização.* Rio de Janeiro: Qualimark, 2012.

HEALYE, Kent; CANFIELD, Jack. *Jovens com atitude enriquecem mais rápido.* São Paulo: Universo dos Livros, 2013.

HILL, Napoleon. *A lei do triunfo: curso prático em 16 lições: ensinando pela primeira vez, na história do mundo, a verdadeira filosofia sobre a qual repousa todo o triunfo pessoal.* Rio de Janeiro: José Olympio: 2011.

HUNTER, J. C. *O Monge e o Executivo: uma história sobre a essência da Liderança.* 18ªed. Rio de Janeiro: Sextante, 2004.

ISERT, Bernd. *Formação Systemic Master Coach.* Metaforum Internacional, 2013, Nazaré Paulista: São Paulo, 2013.

ISRAEL, Richard; HORTH. Vanda. *Chi Mental: reprograme seu cérebro diariamente em apenas 8 minutos: estratégias de sucesso para sua vida pessoal e profissional,* São Paulo: DVS Editora, 2012.

JENNINGS, Timothy. *Simples demais: Um modelo bíblico para curar da mente.* Tatuí - SP, Casa Brasileira, 2010.

JESUS, Tais G. Santos. *Coaching executivo no desenvolvimento de competências de liderança.* [Monografia], Mogi das Cruzes: FATEC, 2013.

KETS DE VRIES, M; KOROTOV K; FLORENT-TREACY E. *Experiências e técnicas de Coaching*: a formação de líderes na prática. Tradução de Raul Rubenich. Porto Alegre: Bookman, 2009.

KRAUSZ, R. R. *Coaching Executivo: A conquista da liderança*. São Paulo: Nobel. 2007.

LARANGEIRAS, Maira. *PNL de Terceira Geração*. Formação Master em PNL, Suzano: Instituto Evolutivo/INAP, 2013.

LOSIER, Michael. *A lei da conexão*. Tradução por Ana Julia Cury. Rio de Janeiro: Ediouro, 2010.

LÜCK, Heloísa. *Pedagogia interdisciplinar*: fundamentos teórico-metodológicos. 15°. ed. Petrópolis, RJ: Vozes, 2007.

MACÊDO, I. et al. *Aspectos comportamentais da gestão de pessoas*. 9ª ed. Rio de Janeiro: FGV, 2007.

MACHADO, Luiz. *O Segredo da Inteligência*. Rio de Janeiro: Cidade do cérebro, 1992.

_____. *Q.I. não é inteligência: a destruição de um mito*, Rio de Janeiro: Qualitimark, 2010.

PAIVA, L. A; MACILHA J; RICHARDS J. *Coaching: passo a passo*. Rio de Janeiro. Ed. Qualitymark, 2011.

MANCILHA, Jairo. *Formação Trainer em Programação Neurolinguística,* Instituto de Neurolinguística, Rio de Janeiro: RJ, 2012.

MANCILHA, Jairo. *Formação Master em Programação Neurolinguística,* Instituto de Neurolinguística/Instituto Evolutivo, Rio de Janeiro: RJ, 2013.

MATTEU, Douglas de. *Desenvolva as Competências do líder Coach com a Roda da Liderança Coaching* in: SITA, M; PERCIA, A. *Manual completo de Coaching*. São Paulo: Ser Mais, 2011a.

MATTEU, Douglas de. *Gestão Estratégica de Pessoas com Coaching: A arte de alcançar resultados* in: SITA, M; LANNES, A. *Ser + em Gestão de Pessoas*. São Paulo: Ser Mais, 2011b.

MATTEU, Douglas de. *Transformando vidas através do Coaching Evolutivo*. In PERCIA, A; MATTEU, D; MARQUES, J. R; SITA, M. *Master Coaches*. São Paulo: Ser Mais, 2012.

MATTEU, Douglas de. *O processo de Coaching: A possibilidade de revolucionar a sua vida e a gestão de pessoas* in: MOTT, M; SILVA, L,R. *Gestão de pessoas: Elementos, ferramentas e procedimentos,* 2012.

MATTEU, Douglas de; SIGNORETTI, Claudia G. *Coaching como processo potencializador das Múltiplas inteligências*. In SITA, Mauricio; OLIVARES, Inês C. (Coord.) *Manual das Múltiplas Inteligências*. São Paulo: Ser Mais, 2013.

MATTEU, Douglas de; SILVA; Teodomiro Fernandes. *Coaching para potencializar sua Saúde Emocional.* In SITA, Mauricio; BOB, Hirsch (Coord). *Ser + com Saúde Emocional: Mestres ensinam como lidar com as emoções os problemas para atingir o equilíbrio pessoal, melhorar a saúde e qualidade de vida, reduzindo níveis de estresse, ansiedade e depressão.* São Paulo: Ser Mais, 2012.

MATTEU, Douglas de; FOGAÇA, Thiago. *Gerencie suas emoções e acelere os seus resultados.* In SITA, Mauricio; (Coord.) *Capital Intelectual A Fórmula do Sucesso: Grandes especialistas mostram como investir no desenvolvimento contínuo desse diferencial de sucesso.* São Paulo: Ser Mais, 2013.

MATTEU, Douglas de; NASCIMENTO, Wilson Farias. *Felicidade no Ambiente de Trabalho: desafios e oportunidades*. In SITA, Mauricio; (Coord.) *Felicidade 360º - Todos os caminhos para ser feliz.* São Paulo: Ser Mais, 2013.

MARQUES, Jose Roberto. *Formação Professional Self-Coaching*. IBC, São Paulo, 2011.

_____. *Formação Business and Executive Coaching*. IBC, São Paulo, 2011.

_____. *Master Coach*. IBC, São Paulo, 2012.

MAXIMIANO, A. C. A. *Fundamentos da Administração*. 2º Ed. São Paulo: Atlas, 2007.

MIRAGE, Adriana. *Embarque já! O mundo te espera: 11 segredos de uma mente global para potencializar sua vida pessoal e profissional.* Flórida: Innomark, 2013.

MORIN, Edgar. *Introdução ao pensamento complexo*. 2ºed. Lisboa: Instituto Piaget, 1990.

_____. *Os sete saberes necessários à educação do futuro*. 8ºed. São Paulo: Cortez, 2000.

_____. *Ciência com consciência*. 13ºed. Rio de Janeiro: Betrand, 2010.

O'CONNOR, Joseph. *Manual de programação neurolinguística: PNL: um guia prático para alcançar os resultados que você quer*. Tradução de Carlos Henrique Trieschmann. Rio de Janeiro: Qualitymark, 2011.

O`CONNOR, Joseph; LAGES, Andrea. *Coaching com PNL: Guia para alcançar o melhor em outros: como ser um coach master,* Rio de Janeiro: Qualitymark, 2008a.

_____. *Como o Coaching Funciona* Rio de Janeiro: Qualitymark, 2008b.

_____. *O que é Coaching*. São Paulo: All Print, 2010.

O'CONNOR, Joseph. *Introdução à Programação Neurolinguistica: Como entender e influenciar as pessoas.* São Paulo: Summus, 1995.

O'CONNOR, Joseph, SEYMOUR, John. *Treinando com a PNL: Recursos para administradores, instrutores e comunicadores.* São Paulo: Summus, 1996.

OGATA, Massaru. *Formação Treinador comportamental.* Instituto de Formação de Treinadores- IFT, São Paulo: SP, 2012.

PAIVA, L. A; MACILHA J; RICHARDS J. *Coaching: passo a passo*. Rio de Janeiro: Qualitymark, 2011.

PÉRCIA, A; SITA, M; MARQUES J.S.; MATTEU, Douglas de. (Coord.) *Master Coaches: Técnicas e relatos de mestres do Coaching.* São Paulo: Ser Mais, 2012.

PÉRCIA, André. *Coaching, Missão e Superação – Desenvolvendo e despertando pessoas!* São Paulo: Ser Mais, 2012.

PORTIGLIATTI, Anthony. *Aula Inteligência Espiritual,* Florida Christian University, 2014.

REES, J. *Você sabe usar o poder da sua mente? Melhore sua saúde mental e maximize o seu potencial.* São Paulo: SENAC, 2009.

ROBBINS, Anthony. *Desperte o seu gigante interior.* 22ª ed. Rio de Janeiro: BestSeller, 2012.

ROBBINS, Anthony. *Poder sem limites: o caminho do sucesso pessoal pela programação neurolinguística.* 14ª ed. Rio de Janeiro: Best Seller, 2012.

SAMPAIO, G. P. *Teoria do Sucesso: empreendedorismo e felicidade.* São Paulo: Nobel, 2006.

SELIGMAN, Martin. *Felicidade autêntica: Usando a nova Psicologia para a realização permanente.* Tradução de Neuza Capelo. Rio de Janeiro: Objetiva, 2004.

SEVERINO, Antonio Joaquim. *O conhecimento pedagógico e a interdisciplinaridade: o saber como intencionalização da prática* in: STENPASKI, Isabel. Costa, Maria Eugênia. *Aspectos Comportamentais de Gestão de Pessoas.* Curitiba: ISEDE, 2012.

SNYDER, C. R; LOPEZ, S. J. *Psicologia Positiva: Uma abordagem científica e prática das qualidades humanas.* Porto Alegre: Artmed, 2009.

SOARES, Monique C; DINSMORE, Paul C. *Coaching prático: O caminho para o sucesso.* Rio de Janeiro: Qualimark, 2009.

TRACY, B. *As Leis Universas do Sucesso.* Rio de Janeiro: Sextante, 2009.

_____. *O ciclo do sucesso: como descobrir suas reais metas de vida e chegar aonde você quer.* São Paulo: Gente, 2013.

WARREN, Rick. *Você não está aqui por acaso.* São Paulo: Vida, 2005.

WARREN, Rick. *Uma vida com propósitos: Você não está aqui por acaso.* São Paulo: Vida, 2005.

WEISS, Alan. *Coach de ouro: como alcançar o sucesso em uma atividade atraente e rentável.* Porto Alegre: 2012.

WHITMORE, J. *Coaching para Performance: aprimorando pessoas, desempenhos e resultados: competências pessoais e profissionais.* Rio de Janeiro: Qualitymark, 2010.

WILBER, A. L. K; PATTEN, T; MORELLI, M. *A prática de Vida Integral.* São Paulo: Cultrix, 2011.

WOLK, Leonardo. *A arte de soprar brasas.* Rio de Janeiro: Qualimark, 2008.

WUNDERLICH, Marcos. *Formação Coaching, Mentoring & Holomentoring*, Instituto Holos 2012, São Paulo: SP, 2012.

ZOHAR, Danah; MARSHALL, Ian. *QS: Inteligência Espiritual.* Rio de Janeiro: Record, 2000.

ZOHAR, Danah; MARSHALL, Ian. *QS: Inteligência Espiritual.* Rio de Janeiro: Viva Livros, 2012.

ZEIG, Jeffrey K. In: *Seminário Ericksonian Coaching.* Elsevier Institute, 2012.

Sites

REGO, Guilherme. *Você tem medo de quê?* Disponível em: <http://www.administradores.com.br/artigos/carreira/voce-tem-medo-de-que/68533/>. Acessado em 01/10/2013.

Revista Exame. *Os sinais de que o coach pode ser picareta.* Disponível em: <http://exame.abril.com.br/topicos/pesquisas>, acessado em 01/10/13.

O necessário para aprender é uma mente humilde.
Confúcio (Cerca de 500 a.C)

Impressão e acabamento
Rotermund
Fone (51) 3589 5111
comercial@rotermund.com.br